WITHDRAWN

HARVARD LIBRARY

WITHDRAWN

Wesen und Sinn von Sein und Sprache bei
Martin Heidegger

Europäische Hochschulschriften

European University Papers
Publications Universitaires Européennes

Reihe XX

Philosophie

Série XX   Series XX
Philosophie
Philosophy

Bd./Vol. 25

PETER LANG
Bern · Frankfurt am Main · Las Vegas

Alois Rechsteiner

Wesen und Sinn von Sein und Sprache bei Martin Heidegger

PETER LANG
Bern · Frankfurt am Main · Las Vegas

Druck ab reprofertigem Manuskript

© Verlag Peter Lang, Bern 1977
Nachfolger des Verlages
der Herbert Lang & Cie AG, Bern

Alle Rechte vorbehalten. Nachdruck oder Vervielfältigung, auch auszugsweise,
in allen Formen wie Mikrofilm, Xerographie, Mikrofiche, Mikrocard, Offset verboten.

ISBN 3-261-02139-X

Auflage 200 Ex.

Druck: Lang Druck AG, Liebefeld/Bern

VORWORT

Im Hebeljahr 1960 durfte ich mit andern 'Baslern' --- nach der rheinstädtischen Geburtsortfeier --- bei der Wirkstättefeier in Hausen im Wiesental anwesend sein. Vor dem ehrwürdigen "Hebelmähli", dessen eigentliche Gäste noch jährlich die zwölf ältesten Männer des Dorfes sind, dankte der alemannische Denker Martin Heidegger beim Empfang des Hebelpreises dem alemannischen Dichter "in der Gestalt des Hausfreundes" mit dessen eigenen Freundesworten:

> Doch wandle du in Gottis Furcht,
> i roth der, was i rothe cha!
> Sel Plätzli het e gheimi Thür,
> und s'sin no Sachen ehne dra.
> (Aus: Der Wegweiser/J. P. Hebels Werke in drei Bänden; I, S. 133)

Dass Martin Heidegger Johann Peter Hebels Wort von den "Sachen ehne dra" nachsprach, hat besinnlich gestimmt. Er, der in seiner Seinsphilosophie den phänomenologischen Weg' zu den Sachen selbst' mitbahnt. (Vgl. Sein, und Zeit, S. 27)

"Chez Heidegger les grands thèmes ... de l'être et de la vérité ... sont à la base de sa conception du langage", schrieb mir dann auf meine erste Anfrage ineins mit seinem Ja zum Beistand für die vorliegende Arbeit mein verehrter H. H. Professor Dr. L. B. Geiger von der Freiburger Universität im Uechtland. Herzlich danke ich ihm und den andern Lehrern der Philosophie für die essentielle Nahrung an ihrer Alma Mater.

Frauenfeld, im Herbst 1968   Der Verfasser

INHALTSUEBERSICHT

Vorwort 5

Inhaltsübersicht 7

Literaturverzeichnis 9

Abkürzungen 13

Einleitung 15

I. Kapitel Die Daseinsanalytik hängt an der Frage nach dem Sinn von Sein überhaupt 17

1. Im Begriff des 'Wesens' denkt die Philosophie das Sein 17
2. Sinn macht Sein verständlich 22
3. Sein ist das transcendens schlechthin 23
4. Sein ist das, was Seiendes als Seiendes bestimmt 25
5. Seinsverständnis ist eine Seinsbestimmtheit des Daseins 26
6. Das Dasein ist ontologisch das primär zu Befragende 27
7. Ontologie ist nur als Phänomenologie möglich 29
8. Warum ist überhaupt Seiendes und nicht vielmehr Nichts? 33
9. Das Nichts ist die Ermöglichung der Offenbarkeit des Seienden als eines solchen für das menschliche Dasein 36
10. Das Dasein ist in seinem 'Wesen' Existenz 38
11. Das Dasein ist seine Erschlossenheit 39

II. Kapitel Durch die Sprache ist das Menschenwesen in sein Eigenes gebracht 43

1. Ursprüngliches Existenzial der Erschlossenheit ist die Rede 43
2. Die Hinausgesprochenheit der Rede ist die Sprache 44
3. Die Sprache ist Dichtung im wesentlichen Sinne 45
4. Die Ursprache ist die Dichtung als Stiftung des Seins 50
5. Das Wesen der Dichtung ist die Stiftung der Wahrheit 54
6. Alle Wahrheit ist relativ auf das Sein des Daseins 58
7. Das Sein des Daseins ist die Sorge 67
8. Die Sorge ist Sein zum Tode 68
9. Sein zum Tode ist Grund der Geschichtlichkeit des Daseins 70
10. Das geschichtliche Dasein ist vom Sein angesprochen 71

III. Kapitel Im Denken findet sich das Wort für das Sein 73

1. Das Sein ist nicht einfach zu sagen 73
2. Das Sein ist in wesentlicherem Sinne auf das Wort angewiesen als jegliches Seiende 74
3. Ist Denken und Sein dasselbe? 75
4. Das Denken ist das Denken des Seins 76
5. Das Sichgeben ins Offene ist das Sein selber 76

6. Am Zur-Sprache-kommen der Wahrheit des Seins ist alles gelegen	78
7. Das Wesende der Sprache ist die Sage	80
8. Der Wesensquell der grundverschiedenen Sprachen ist derselbe	82
9. Die Sprache ist das Haus des Seins	92

IV. Kapitel Es kommt darauf an, ob wir im Zuspruch des Seins stehen	95
1. Denkende bergen Sein in das Wesen der Sprache	95
2. Des Sprachwesens Sinn ist die Wahrheit des Seins	97

LITERATURVERZEICHNIS

I. Werke von Martin Heidegger

Die Lehre vom Urteil im Psychologismus	Barth-Verlag	
(Inaugural-Dissertation)	Leipzig	1914
Der Zeitbegriff in der Geschichtswissenschaft	Zeitschrift f. Philosophie 161	1916
Die Kategorien- und Bedeutungslehre des Dun Scotus (Nach Hirschberger - Geschichte der Philosophie 2, S. 646 - nicht Scotus-Interpretation	Tübingen	1916
Sein und Zeit (1. Auflage)	Halle	1927
(II. Auflage)	Niemeyer-Verl. Tübingen	1967
Vom Wesen des Grundes	do.	1929
Einführung in die Metaphysik	do.	1953
Die Frage nach dem Ding (Vorlesung 1935/36)	do.	1962
Was heisst Denken?	do.	1961
Was ist Metaphysik? (Antrittsvorlesung 1929 in Freiburg i. Br.)	Bonn	1930
(4. Auflage mit Nachwort)	Klostermann Frankfurt	1943
(5. Auflage mit Einleitung und Nachwort)	do.	1949
(Abdruck in 'Wegmarken')	do.	1967
Vom Wesen der Wahrheit (5. Auflage)	do.	1967
Holzwege (4. Auflage)	do.	1963
Zur Seinsfrage (3. Auflage)	do.	1967
(Abdruck in 'Wegmarken')	do.	1967
Der Feldweg (3. Auflage)	do.	1962
Kants These über das Sein (Sonderdruck aus der Festschrift für Erik Wolf/Existenz und Ordnung)	do.	1962
(Abdruck in 'Wegmarken')	do.	1967
Wegmarken	do.	1967
Kant und das Problem der Metaphysik	do.	1965
Die Selbstbehauptung der deutschen Universität	Breslau	1933
Platons Lehre von der Wahrheit (Vorlesung 1930/31)	Francke-Verlag Bern	1947
Ueber den Humanismus (Anhang zu 'Platons Lehre von der Wahrheit')	do.	1947
(Abdruck in 'Wegmarken')	Klostermann Frankfurt	1967
Erläuterungen zu Hölderlins Dichtung (3. Aufl.)	do.	1963
Nietzsche (2 Bände)	Neske-Verlag Pfullingen	1961
Aus der Erfahrung des Denkens (2. Aufl.)	do.	1965

I. Werke von Martin Heidegger (Fortsetzung)

Vorträge und Aufsätze (3. Auflage in 3 Bändchen)	Neske-Verlag Pfullingen	1967
Was ist das - die Philosophie?	do.	1956
Gelassenheit (2. Auflage)	do.	1959
Die Technik und die Kehre	do.	1962
Der Satz vom Grund (3. Auflage)	do.	1957
Identität und Differenz (3. Auflage)	do.	1957
Hebel - der Hausfreund (3. Auflage)	do.	1957
Unterwegs zur Sprache (2. Auflage)	do.	1960
Heraklit (Beitrag zur Festschrift: 350 Jahre Heinrich-Suso-Gymnasium Konstanz) Seiten 60-76	Verlag Merk & Co. Konstanz	1954
Hegel und die Griechen (abgedruckt in 'Wegmarken') (Beitrag zur Festschrift für Hans-Georg Gadamer zum 60. Geburtstag) (Seiten 43-57)	Verlag J.C.B. Mohr (Paul Siebeck) Tübingen	1960

II. Literatur über Heidegger

Hildegard Feick: Index zu Heideggers 'Sein und Zeit'	Niemeyer-Verlag Tübingen	1961
Irmgard Bock: Heideggers Sprachdenken	Verlag Anton Hain Meisenheim am Glan	1966

III. Festschriften

Anteile/Martin Heidegger zum 60. Geburtstag	Klostermann-Verlag	1950
Martin Heideggers Einfluss auf die Wissenschaften (zum 60. Geburtstag)	Francke-Verlag Bern	1949
Martin Heidegger zum 70. Geburtstag	Neske-Verlag Pfullingen	1959

IV. Anderweitige Literatur

Hermann Diels: Die Fragmente der Vorsokratiker	Rowohlt Verlag Hamburg	1964

IV. Anderweitige Literatur (Fortsetzung)

Immanuel Kant: Kritik der reinen Vernunft (1781 A 1787 B	Meiner Verlag Hamburg 1956
Richard Falckenberg: Geschichte der neueren Philosophie	Veit & Comp. 1892
I. M. Bochenski: Europäische Philosophie der Gegenwart	Francke-Verlag Bern 1947
Johannes Hirschberger: Geschichte der Philosophie	Herder-Verlag Freiburg 1965
Gerhard Kropp: Philosophie/Ein Gang durch ihre Geschichte	Verlag Lebendiges Wissen München
Callus Manser: Das Wesen des Thomismus	Universitätsbuchhandlung Freiburg (CH) 1935
Goethes Werke in zwei Bänden	Droemersche Verlagsanstalt München 1953
Karl Jaspers: Existenzphilosophie (3. Auflage)	Verlag W. de Gruyter Berlin 1964
Nestle-Aland: Novum Testamentum Graece et Latine	Württembergische Bibelanstalt Stuttgart 1962
Johann Peter Hebel: Gedichte (Band I) Werke in drei Bänden	Birkhäuser-Verlag Basel 1958
Bernhard Kälin: Logik und Metaphysik	Kollegiumsverlag Sarnen 1940
Agatho Locher: Grundriss der aristotelisch-thomistischen Philosophie	Appenzell (Druck der Mechitaristendruckerei Wien) 1950

ABKUERZUNGEN

(Vgl. Irmgard Bock: Heideggers Sprachdenken/pag. IV oben)

Sein und Zeit	(SuZ)
Unterwegs zur Sprache	(Sprache, Spr.)
Vom Wesen des Grundes	(WdG)
Was ist Metaphysik?	(WiM?)
Einführung in die Metaphysik	(EiM)
Holzwege	(Hw)
Erläuterungen zu Hölderlins Dichtung	(Höld)
Nietzsche (Band I und II)	(N I, N II)
Vorträge und Aufsätze	(VA)
Ueber den Humanismus	(Hum)
Was heisst Denken?	(WhD?)
Identität und Differenz	(ID)
Der Satz vom Grund	(SvG)
Wegmarken	(Wm)
Vom Wesen der Wahrheit	(WdW)
Zur Seinsfrage	(Sfrg)
Hebel - der Hausfreund	(Hebel)
Aus der Erfahrung des Denkens	(ED)
Kants These über das Sein (gesondert)	(K/S)
Platons Lehre von der Wahrheit (gesondert)	(Pl)
Was ist das - die Philosophie?	(Phil)
Kant und das Problem der Metaphysik	(K/M)
Gelassenheit	(Gel)
Die Technik und die Kehre	(TuK)
Der Feldweg	(FdW)
Kritik der reinen Vernunft	(KdrV)

EINLEITUNG

"Es gibt wenige so schwer verständliche Denker wie Heidegger. Diese Schwerverständlichkeit rührt nicht etwas von einer unzulänglichen Sprache her oder einem Mangel an logischem Aufbau. Heidegger geht immer und überall in äusserst systematischer Weise vor. Seine Schwerverständlichkeit kommt vielmehr von der ungewohnten und fremdartigen Terminologie, die er sich schuf, um seinen Auffassungen sprachlichen Ausdruck zu geben." So schreibt I.M. Bochenski in seinem Buch "Europäische Philosophie der Gegenwart" (S. 171).
In "Heideggers Sprachdenken" bemerkt Irmgard Bock, von der Sache selbst sei der 'Denker des Seins' gezwungen worden," nach gemässen Mitteln zur Verdeutlichung zu suchen". (S. 3) Auch Platon und Aristoteles hätten, so weist sie auf Heideggers eigene Aussage hin, ihren Zeitgenossen sprachlich ungemein viel zugemutet." Wir Spätgeborenen sind nicht mehr imstande zu ermessen, was es heisst, dass Platon es wagt, für das, was in allem und jedem west, das Wort εἶδος zu gebrauchen" (VA, 27, zitiert bei I. Bock, a.a.O.S. 3).
Das selbe Wesen des Seins, sagt Heidegger, das Anwesen, welches Platon in der ἰδέα (εἶδος) denkt, begreift Aristoteles als die ἐνέργεια. Beide Weisen der οὐσία (Anwesenheit), "die ἰδέα und die ἐνέργεια, bilden im Wechselspiel ihrer Unterscheidung das Grundgerüst aller Metaphysik, aller Wahrheit des Seienden als solchen. Das Sein bekundet sein Wesen in diesen beiden Weisen: Sein ist Anwesenheit als Sichzeigen des Aussehens. Sein ist Verweilen des Jeweiligen in solchem Aussehen. Diese zwiefache Anwesenheit besteht auf dem Anwesen und weist daher als Beständigkeit: An-währen, Weilen " (Nietzsche II, S. 409).
An diesem für die vorliegende Arbeit wesentlichen Begriff zeigt sich, wie notwendig es ist, zum Verstehen des Sein/Sprache-Denkens eines Martin Heidegger, immer wieder dessen eigene Terminologie zu nutzen. Da "uns neben dem genügenden Hören auf den Zuspruch der Sprache die Heideggersche Kraft der Sprachschöpfung fehlt, die die gemässe Art des Antwortens ist, sind wir gezwungen, immer wieder auf seine Worte selbst zurückzuweisen " (I. Bock, a.a.O.S. 3). Erleichtert schliesse ich mich diesen Worten Irmgard Bocks an.
In seinem Buch "Unterwegs zur Sprache" zitiert Heidegger den Systematiker Aristoteles über das Aussagen so: "Es ist nun das, was in der stimmlichen Verlautbarung vorkommt (die Laute), Zeichen von dem, was in der Seele an Erleidnissen vorkommt, und das Geschriebene (ist) Zeichen der stimmlichen Laute. Und so wie die Schrift nicht bei allen die nämliche ist, so sind auch die stimmlichen Laute nicht die nämlichen. Wovon aber diese (Laute und Schriftzeichen) erstlich Zeichen sind, das sind bei allen die nämlichen Erleidnissen der Seele, und die Dinge, wovon diese (die Erleidnisse) die angleichenden Darstellungen bilden, sind gleichfalls die nämlichen " (Sprache, S. 203/04).
Dies nun nennt Heidegger die klassische Stelle, aus der das Baugerüst für die Sprache als stimmliche Verlautbarung sichtbar wird.

Im selben Masse ist der Sprache eigentümlich, dass sie lautet und klingt und schwingt, wie dass ihr Gesprochenes einen <u>Sinn</u> hat. Unsere Erfahrung dieses Eigentümlichen ist nach Heidegger noch arg unbeholfen, "weil überall das metaphysisch-technische Erklären dazwischen fährt und uns aus der sachgemässen Besinnung herausdrängt.

Schon allein der einfache Sachverhalt, dass wir die landschaftlich verschiedenen Weisen des Sprechens die <u>Mundarten</u> nennen, ist kaum bedacht. Ihre Verschiedenheit gründet nicht nur und nicht zuerst in unterschiedlichen Bewegungsformen der Sprachwerkzeuge. In der Mundart spricht je verschieden die Landschaft und d.h. die Erde " (a.a.O. S. 205).
Dass die Erde spricht, empfinden wir als dichterisch. Später sagt Heidegger, dass die Sprache spricht. Auch dies erscheint uns poetisch. Spricht denn nicht allein der Mensch?

Die Erde ist ein Seiendes und hat damit Sein. Die Sprache spricht und ist als Sprache das Haus des Seins. Der Mensch ist der Sprechende und der Hirt und Nachbar des Seins.

So sagt es Heidegger. Er sagt, dass das Seiende im Sein stehe. Er sagt, dass primär der Mensch auf das Sein zu befragen sei. Die Fundamentalfrage der Philosophie überhaupt ist ihm die Frage nach dem Sinn des Seins.
Fragen kann ein Sprechender. Immer sprechen nach Heidegger wir Menschen. Im Sprechen haben wie den Aufenthalt. In der Behausung Sprache wohnt der Mensch. Um Wesen und Sinn von Sein und Sprache geht es in der vorliegenden Arbeit. Da Heidegger Wesen und Sinn in eigener Sprache fasst, sei diesen Begriffen im ersten Abschnitt Raum gegeben. Dem phänomenologisch-ontologischen Suchen Heideggers um das Wort für sein und Sprache in ihrem Zueinander gilt der zweite Abschnitt. Im dritten Abschnitt versuche ich, anhand von Zeugen, die in Heideggers Denkwelt heimisch sind, das Sein-Sprache-Denken dieses Seinsphilosophen, wie es besonders im zweiten Abschnitt behandelt wird, in vorwiegend positivem κρίνειν auf einige wesentliche Sinnzusammenhänge hin zu unterstreichen.

I. KAPITEL. DIE DASEINSANALYTIK HAENGT AN DER FRAGE NACH DEM SINN VON SEIN UEBERHAUPT

1. Im Begriff des 'Wesens' denkt die Philosophie das Sein

"Das, was etwas ist, wie es ist, nennen wir sein Wesen. Der Ursprung von etwas ist die Herkunft seines Wesens " (Holzwege, S. 7).
"Das, was etwas ist, τὸ τί ἐστιν , das Was-sein, enthält seit Platon dasjenige, was man gewohnterweise 'das Wesen', die essentia einer Sache nennt. Das so verstandene Wesen wird in jenes eingegrenzt, was man später den Begriff nennt, die Vorstellung, mit deren Hilfe wir uns das zustellen und greifen, was eine Sache ist " (Sprache, S. 201).

Verbal verstanden ist 'Wesen' "das Selbe wie 'währen'; nicht nur bedeutungsmässig, sondern auch in der lautlichen Wortbildung. Schon Sokrates und Platon denken das Wesen von etwas als das Wesende im Sinne des Währenden. Doch sie denken das Währende als das Fortwährende (ἀεὶ ὄν). Das Fortwährende finden sie aber in dem, was sich als das Bleibende durchhält bei jeglichem, was vorkommt. Dieses Bleibende wiederum entdecken sie im Aussehen (εἶδος ἰδέα) , z.B. in der Idee 'Haus' " (Vorträge und Aufsätze I, S. 30).
Das, was die Sprache ist, ist nach Heidegger die Sprache des Wesens. "In dieser Wendung hat 'das Wesen die Rolle des Subjekts, dem die Sprache eignet. Das Wort 'Wesen' meint aber jetzt nicht mehr, was etwas ist. 'Wesen' hören wir als Zeitwort, wesend wie anwesend und abwesend. 'Wesen' besagt währen, weilen. Allein die Wendung 'Es west' sagt mehr als nur: Es währt und dauert. 'Es west' meint: Es west an, während geht es uns an, be-wegt und be-langt uns " (Sprache, S. 201).
"Anwesen ('Sein') ist als Anwesen je und je Anwesen zum Menschenwesen, insofern Anwesen Geheiss ist, das jeweils das Menschenwesen ruft " (Zur Seinsfrage, S. 28).
Die Sterblichen "ahnen nichts von jenem, dem sie zugetraut sind: vom Anwesen, das lichtend jeweils erst Anwesendes zum Vorschein kommen lässt. Der λόγος, in dessen Lichtung sie gehen und stehen, bleibt ihnen verborgen " (Festschrift zum Jubiläum des Suso Braun-Gymnasiums, Konstanz/Heraklit, S. 76).
"Anwesung aber ist überhaupt das Wesen des Seins." (Platons Lehre von der Wahrheit, S. 35).
"Wenn aber das Sein in seinem Wesen das Wesen des Menschen braucht? Wenn das Wesen des Menschen im Denken der Wahrheit des Seins beruht?" (Holzwege, S. 343).

Allenfalls darf sich das Sagen vom Sein des Seienden nicht mit der Gleichsetzung von Sein und Existenz begnügen. Denn von altersher unterscheidet die Metaphysik "zwischen dem, was ein Seiendes ist, und dem, dass dieses Seiende ist oder nicht ist " (Nietzsche, II, S. 400).
Die Unterscheidung in Was-sein und Dass-sein zeigt auf ein Ereignis in der Geschichte des Seins. Erstmals hat Aristoteles die Unterscheidung von essentia und existentia auf ihren Wesensgrund, d.h. in den Begriff gebracht. Platons Denken

hat zuvor "dem Anspruch des Seins in einer Weise geantwortet, die jene Unterscheidung vorbereitet hat " (a.a.O. S. 403).
Die essentia antwortet auf die Frage: τί ἐστιν : was ist? Die existentia sagt, ὅτι ἔστιν : dass ist. Im hier verschiedenen ἔστιν bekundet sich das εἶναι in einem Unterschied.
Anfänglich lichtet sich Sein als φύσις und ἀλήθεια, als Aufgabe und Entbergung. Von da gelangt es "in das Gepräge von Anwesenheit und Beständigkeit im Sinne des Verweilens. Damit beginnt die eigentliche Metaphysik " (S. 403 a.a.O.).
Bei Aristoteles zeigt sich das Anwesende als Jenes, was vorliegt: was zum Stand gekommen, in einer Beständigkeit steht oder in seine Lage gebracht wurde. Das in die Unverborgenheit Hervorgekommene, das Vorliegende ist jeweils dieses oder jenes, das τόδε τι : das dieses Etwas.

Das Hervorbringen kann in der Weise der φύσις oder der ποίησις geschehen. φύσις heisst: etwas von sich her aufgehen lassen. ποίησις besagt: etwas her- und vorstellen!
So ist der dort stehende Baum ins Unverborgene ausgestellt. Stehend ruht er. Er ruht in diesem Aus- des Aussehens. "Die Ruhe des Hergestellten ist nicht nichts, sondern Sammlung " (a.a.O. S. 404).
Die Ruhe verwahrt die Vollendung des Bewegten. Der Baum ist als ἔργον: als Werk. Dieses meint das in das Anwesen im Unverborgenen Aus-geruhte. Werk ist, griechisch gedacht, Werk "im Sinne dessen, was in das Unverborgene seines Aussehens ausgestellt ist und so verweilt. Weilen heisst: ruhig anwesen als Werk " (S. 404 a.a.O.).
Weil das ἔργον die Weise des Anwesens kennzeichnet, heisst οὐσία (Anwesenheit) ἐνέργεια : das im Werk als-Werk-Wesen (verbal) oder Werkheit.

Statt ἐνέργεια gebraucht Aristoteles auch ἐντελέχεια : das (sich-) im-Ende-Haben, das Innehaben des reinen Anwesens, das Wesen in der Anwesenheit. "Anwesenheit aber ist im Sinne der überherrschend wesenden sowohl als auch demgemäss in erster Linie und am meisten gesagten dasjenige, was weder im Hinblick auf ein irgend schon Vorliegendes ausgesagt wird, noch in einem schon irgendwie Vorliegenden vorkommt, z.B. der Mensch da, das Pferd da " (S. 406 a.a.O.).
In solcher Weise Anwesendes ist kein Anwesendes in oder an einem anderen, kein mögliches Prädikat.
Anwesenheit im erstrangigen Sinne ist "das Verweilen des Je-weiligen, die οὐσία des καθ'ἕκαστον : das je Dieses, das Singuläre " (S. 406 a.a.O.).
In zweiter Linie Anwesende sind jene, worinnen als den Weisen des Aussehens das in erster Linie als Anwesendes Angesprochene schon vorherrscht. Dazu gehörten die genannten Weisen des Aussehens wie die Stämme dieser Weisen; z.B. steht "dieser Mensch da im Aussehen von Mensch, für dieses Aussehen 'Mensch' aber ist der Herkunftsstamm (seines Aussehens) 'das Lebewesen' " (a.a.O. S. 406).
'Der Mensch überhaupt' als auch das 'Lebewesen überhaupt' sind also zweitrangig Anwesende.

Zur Anwesenheit als dem Sichzeigen des Aussehens gehören auch alle Herkünfte, "in denen das jeweilig Verweilende dasjenige her (vor) kommen lässt, als was es

anwest." (ebd.)
Die Anwesenheit im erstrangigen Sinne ist die existentia, die im zweitrangigen die essentia. Erstrangig anwesend ist das Sein, das im ὅτι ἔστιν ausgesprochen wird: das Dass-Sein. Zweitrangig anwesend ist das Sein, das im τί ἔστιν gefragt wird: das Was-sein.
Dass-sein und Was-sein sind Weisen des Anwesens. Ihr Grundzug ist die ἐνέργεια das als-Werk-Wesen (verbal).
Heidegger fragt, ob dem Unterschied von Dass-sein und Was-sein nicht auch die Unterscheidung von Anwesendem und Anwesen zugrunde liege. "In diesem Falle fällt der zuerst genannte Unterschied als solcher auf die eine Seite der Unterscheidung von Seiendem und Sein " (a.a.O. S. 407). Die Unterscheidung von Was-sein und Dass-sein ergibt sich aus dem Sein oder der Anwesenheit selber.
Geläufig ist die Distinktion von essentia und existentia, dunkel indes die Wesensherkunft dieser Unterschiede, unbestimmt das Gefüge ihres Zusammengehörens.
Die aristotelische Darlegung enthüllt einen Vorrang der existentia vor der essentia.
Für Platon sammelt sich das Wesen des Seins im κοινόν der ἰδέα und damit auf das ἕν, welches als das Eine von der φύσις und dem λόγος her bestimmt bleibt, d.h. vom versammelnden Aufgehenlassen her. Die eigentliche Seiendheit des Seienden ist für Platon die Anwesenheit in der Weise der ἰδέα (εἶδος). Für Aristoteles beruht das Sein in der ἐνέργεια des τόδε τι des jeweilen Dieses. Im Unterschied zu den 'Ideen' als dem 'wahrhaft Seienden' verpflanzt Aristoteles die 'Ideen' in die wirklichen Dinge, wobei diese 'Ideen' als 'Formen' und die 'Formen' als 'Energien' und 'Kräfte' im Seienden hausen.
Erstmals denkt Aristoteles das je Geeinzelte als das Jeweilige und "dessen Weile als die ausgezeichnete Art des Anwesens, und zwar des Anwesens des εἶδος selbst in die äusserste Gegenwart des unaufteilbaren, d.h. nicht mehr herkünftigen Aussehens (ἄτομον εἶδος) " (a.a.O. S. 409).
Bei Platon ist das geeinzelte Seiende nie das eigentlich Seiende, bei Aristoteles aber ist das Geeinzelte in das Anwesen einbegriffen. Griechischer, d.h. seinsgemässer denkt Aristoteles.
Die beiden unterschiedenen Weisen des Seins, das Was-sein als ἰδέα und das Dass-sein als ἐνέργεια sind verschieden für die Massgabe der Art, "wie das Sein sich in der Bestimmung der Seiendheit hält (a.a.O. S. 411). Das Was-sein lässt aber den Blick auf das vorwalten, was das Seiende ist. Das Dass-sein begnügt sich mit der Feststellung, dass Seiendes ist. Das Dass-sein ermöglicht die Selbstverständlichkeit des Wesens des Seins. In seinem Wesen bleibt das Dass-sein das Fraglose. So bestimmt sich auch das Wesen des Seins, "das Sein als Einheit des Wasseins und Dass-seins, unausgesprochen aus dem Fraglosen " (S. 411 a.a.O.).
Die ἐνέργεια, das als-Werk-Wesen (verbal), heisst später actualitas und existentia.
Frage ist für Heidegger, ob die existentia den Grundzug des Seins, der in der οὐσία, in der Anwesenheit geprägt sei, bewahre.
Die actualitas bewahrt nach Heidegger nicht mehr das Wesen der ἐνέργεια, denn die wörtliche Uebersetzung täuscht. Der Charakter des Dass-seins hat sich gewandelt.
Nun ist das ἔργον nicht mehr "das in seiner Hergestelltheit Anwesende " (S. 412 a.a.O.). Es wird jetzt zum actus des agere. Es ist nicht mehr das ins Offene Frei-

gelassene, sondern das im Wirken Gewirkte. Das Wesen des Werkes ist nicht mehr die Werkheit des Anwesens, sondern die Wirklichkeit eines Wirklichen. Das Sein ist zur actualitas geworden. Es hat sich ein Uebergang aus der griechischen in die römische Begriffssprache vollzogen.
Diese Bestimmung hat sich vom Römertum bis zur Neuzeit erstreckt. So ist seitdem alle abendländische Geschichte römisch und nie mehr griechisch. Jede nachfolgende Renaissance ist römische Erneuerung des römisch umgedeuteten Griechentums. Auch das germanische Mittelalter ist römisch, weil christlich.
Seit dem Wandel der ἐνέργεια zur actualitas, seit das ins Offene Freigelassene als das Wirkliche gilt, ist das Wirkliche das eigentliche und also das massgebende Seiende.
Die actualitas bewahrt neben dem Bezug zum Werk nichts mehr vom Wesen der ἐνέργεια. Das beginnliche Wesen des Seins waltet aber noch in der actualitas, "sofern das Was-sein als ἰδέα bestimmt ist" (S. 413 a.a.O.).
Die ἰδέα als das Was-sein hat den αἰτία-Charakter, den "Schuld"-charakter, d.h. den Ursachecharakter. Als Sachheit jeder Sache waltet das Entstammen aus seinem Was-sein: die Ursache.
Demnach ist das Sein in sich ursächlich.
Die actualitas ist causalitas. Der Ursachecharakter, ist an jenem Seienden rein, das im höchsten Sinne das Wesen des Seins erfüllt, da es nicht nicht sein kann. Dieses höchste Seiende ist reines esse actu. Es ist actus purus, reine Tätigkeit, Verwirklichung. Der actus ist hier "die aus sich wesende Beständigung des für sich Bestehenden " (S. 415).
Dieses Seiende ist nicht nur sua essentia, sondern est suum esse non participans alio, es ist sein Sein, das an keinem andern teilhat. Dieses ens ist nicht nur seine Washeit, sondern die höchste Washeit: das summum ens, das höchste Wesen. Dieses Wesen, welches das summumm bonum, das höchste Gut ist, ist Gott. Summum bonum ist der reinste Ausdruck für die Kausalität, die dem reinen Wirklichen eignet.
Im Seinsverständnis ist das bonum der Nachklang des platonischen ἀγαθόν, d.h. des Tauglichmachenden schlechthin; es ist so die Bedingung der Möglichkeit.
Mit actualitas meist gleichgesetzt wird das Wort existentia. Das ἔξω meint bei Aristoteles das Ausserhalb des menschlichen Vernehmens, das im Durchsprechen das Seiende durchnimmt und dabei das Durchgesprochene aufstellt. Dieses Aufgestellte west im Umkreis seines Vollzugs an. Das ausserhalb Stehende, das exsistens, ist das von sich her in der Hergestelltheit Anwesende, das in der Tat Seiende: das ὄν ἐνεργείᾳ.
Die Bestimmung des Seins im Sinne der existentia, der ex-sistentia, entspringt dem bei Platon anhebenden Wandel des Wesens der Wahrheit "von der Unverborgenheit des Seienden zur Richtigkeit des durchnehmenden Aussagens " (S. 417 a.a.O.).
Das Wahre heisst zwar beim Beginn der Metaphysik noch ἀληθές, das Unverborgene. Aber das Wahr-seiende ist wahr, nicht insofern es als Entbergendes ein Unverborgenes ist, sondern insofern es als Aussage ein Unverborgenes durch die adaequatio des Vernehmens vernimmt.
Wo die Wahrheit zur Gewissheit des Wissens wird, beginnt die Neuzeit. Die Wirklichkeit zeigt zu Beginn der neuzeitlichen Metaphysik das vieldeutige Wesen des Seins. Die beginnende Metaphysik entliess die Werkheit in die Wirklichkeit, die

ἐνέργεια in die actualitas, die οὐσία in die substantia, die ἀλήθεια in die adaequatio, d.h. die Anwesenheit in das Unterstehende, die Unverborgenheit in die Angleichung. Der Grund als das Wesen der Seiendheit erhielt in der Uebersetzung des λόγος den nicht selbstverständlichen Namen ratio: Rechtfertigung, Dafürhaltung. Das Wesen der Wirklichkeit bedeutet im Bereich des Wesens der Wahrheit als Gewissheit: das Wesen der Vorstellung daraufhin denken, wie aus ihm sich das Wesen des Wirkens und der Wirklichkeit voller entfaltet. Die neue Wesensbekundung der Wirklichkeit im Beginn der neuzeitlichen Metaphysik veranlasst den Wandel in der Unterscheidung von essentia und existentia, bis die potentia - im Sinne des Aristoteles und Thomas - "in das Wesende des Seins selbst zurückgenommen wird" (S. 444a.a.O.).
Das Sein in der anfänglichen Bestimmung wird vom massgeblichen Sein des Wasseins abgedrängt. In der anfänglichen Seinsbestimmung vor dem Unterschied von Was und Dass wird dem Sein der "Grundzug der Anfänglichkeit und des Aufgangs und Anwesens gewahrt" (N II, S. 458/59). Es wird das gewahrt, was nachher im Gegenzug zum Vorrang des Was-seins, der ἰδέα, als Dass-sein, als ὅτι ἔστιν zum Vorschein kommt. "Die nachmalige existentia und Existenz kann demzufolge nie in die anfängliche Wesensfülle des Seins zurückreichen, auch nicht, wenn sie in ihrer griechischen Ursprünglichkeit gedacht wird" (ebd.). Das verbleibende Wesen des Dass-seins, d.h. der Wirklichkeit, setzt schliesslich die unbedingte Gewissheit der absoluten Wirklichkeit gleich. "Alle Ereignisse in der Geschichte des Seins, die Metaphysik ist, haben ihren Beginn und Grund darin, dass die Metaphysik das Wesen des Seins unentschieden lässt und lassen muss, sofern ihr eine Würdigung des Fragwürdigen zugunsten der Rettung ihres eigenen Wesens von Beginn an gleichgültig bleibt, und zwar in der Gleichgültigkeit des Nicht-Kennens" (a.a.O.S. 459). Die Seinsverlassenheit in der Vollendung der Metaphysik enthält nach Heidegger das Unentschiedene, ob in dieser Verlassenheit "als einem Aeussersten der Verbergung des Seins schon die Entbergung dieser Verbergung und so der anfänglichere Anfang sich lichtet" (a.a.O.S. 471). In dieser Unentschiedenheit nimmt die Vollendung der Metaphysik das Menschenwesen für den 'Uebermenschen' in Anspruch. Damit reisst der Mensch den Rang des eigentlich Wirklichen an sich. Der Mensch ist der eigentlich Existierende. Aus dem Menschsein bestimmt sich Existenz.
Zuletzt in der Vollendung der Metaphysik tritt die Wirklichkeit ins Wesen des Willens. Im Willenswesen der Seiendheit als der Wirklichkeit verbirgt sich die Machenschaft, "in der aus anfänglichen Wesenszügen her noch die ἐνέργεια anklingt, worin der Fortgang aus dem ersten Anfang (der ἀλήθεια) seinen entschiedenen und alles vorbestimmenden Beginn nimmt. Die ἐνέργεια ist aber auch zugleich die letzte Wahrung des Wesens der φύσις und so ein Zugehören in den Anfang" (a.a.O.S. 473).
Φύσις, Λόγος, Ἰδέα, Ἕν, Ἐνέργεια Substanzialität, Objektivität, Subjektivität, Wille, Wille zur Macht, Wille zum Willen: nur in solcher Prägung gibt es Sein (Cf. Identität und Differenz, S. 64).
"Das Sein allein ist" (N II, S. 485). Die Geschichte des Seins ist das Sein selber. "Diejenige Geschichte des Seins, die historisch als Metaphysik bekannt ist, hat ihr Wesen darin, dass sich ein Fortgang aus dem Anfang ereignet. In diesem Fortgang entlässt das Sein sich in die Seiendheit und verweigert die Lichtung der Anfängnis

des Anfangs. Die Seiendheit, beginnend als ἰδέα , eröffnet den Vorrang des Seienden hinsichtlich der Wesensprägung der Wahrheit, deren Wesen selbst zum Sein gehört. Indem das Sein sich in die Seiendheit entlässt und seine Würde in die selbst zugleich verborgene Verborgenheit entzieht, überlässt das Sein dem Seienden scheinbar das Erscheinen des Seins" (N II, S. 486).
Das Seiende ist das Wirkliche. Das Sein des Seienden enthält die Wahrheit, dass es ist. "Dass Seiendes ist, dies gibt dem Seienden das Vorrecht des Fraglosen, von dem aus die Frage sich erhebt, was das Seiende ist. Das Was-sein ist so vom Seienden her das erst erfragte Sein" (a.a.O. S. 488).
Die Unterscheidung von Was-sein und Dass-sein, von essentia und existentia, "gründet selbst in der ungegründeten und zugleich verborgenen anfänglichen und eigentlichen Unterscheidung des Seins gegen das Seiende" (ebd.). Die anfängliche Unterscheidung ist nicht ein Akt, sondern "das Wesende des Seins selbst, dessen Anfängnis das Ereignis ist" (a.a.O. S. 489). Wenn die metaphysische Unterscheidung in ihrem Anfang erfahren wird, wird die Metaphysik "als Ereignis der Geschichte des Seins entscheidungshaft" und büsst damit die Scheingestalt eines menschlichen Gemächtes ein (ebd.).
Weil aber das Sein "zur Gründung seiner Wahrheit im Seienden das Menschenwesen in den Anspruch nimmt, bleibt der Mensch in die Geschichte des Seins einbezogen, aber jeweils nur hinsichtlich der Art, wie er aus dem Bezug des Seins zu ihm und gemäss diesem Bezug sein Wesen übernimmt, verliert, übergeht, freigibt, ergründet oder verschwendet" (ebd.).
Die Geschichte des Seins oder die Metaphysik, zu welcher der Mensch gehört, beginnt mit der Unterscheidung des Seins in das Was-sein und das Dass-sein. Dieser Beginn offenbart sich als Ereignis. Das Ereignis bekundet sich in der Seinsgeschichte dem Menschentum "zunächst als Wandel des Wesens der Wahrheit" (ebd.).
Im "Wesen des Thomismus" ist die reale Zweiheit von Essenz und Existenz im Geschöpfe die transzendentalste, weil sie das Sein als Sein scheidet... Weil die Kreatur empfangenes Sein besitzt, also ab alio ist, sind in ihr Essenz und Existenz real zwar dasselbe, aber begrifflich verschieden" (G. Manser/Das Wesen des Thomismus, S. 508/09).
Die Erinnerung in die Geschichte des Seins ist für Heidegger "ein Vordenken in den Anfang und vom Sein selbst ereignet. Das Ereignis gewährt je die Frist, ... zu der sich das Sein ins Offene ergibt" (a.a.O. S. 490).
Das Sein denkt die Philosophie im Begriff des 'Wesens' (Vom Wesen der Wahrheit, S. 28).

2. Sinn macht Sein verständlich

Von Sinn kann wohl nur geredet werden, "wo ein Ueberlegen, Abwägen, Konstruieren, Bestimmen vorliegt. S i n n steht im engsten Zusammenhang mit dem, was wir ganz allgemein mit D e n k e n bezeichnen, wobei wir unter Denken nicht den weiten Begriff Vorstellen verstehen, sondern Denken, das richtig oder unrichtig, wahr oder falsch sein kann." So schreibt Heidegger in seiner Inaugural-Dissertation 'Die Lehre vom Urteil im Psychologismus' (S. 96).
Die Wirklichkeitsform des 'Sinnes' nennt Heidegger das Gelten. Das Gelten ist die

Wirklichkeitsform des Logischen: "Der Sinn ist es, der gilt" (ebd.).
Wenn Seiendes zu Verständnis gekommen ist, hat es Sinn. Streng genommen ist aber nicht der Sinn verstanden, sondern "das Seiende, bzw. das Sein. Sinn ist das, worin sich Verständlichkeit von etwas hält. Was im verstehenden Erschliessen artikulierbar ist, nennen wir Sinn" (Sein und Zeit, S. 151).
Der Sinnbegriff umfasst das Gerüst des verstehenden Auslegens. Das Auslegen gründet in einer Vorhabe. Die Zueignung von etwas Verstandenem vollzieht die Enthüllung "unter der Führung einer Hinsicht, die das fixiert, im Hinblick woraufhin das Verstandene ausgelegt werden soll" (a.a.O. S. 150).
Die Auslegung gründet in einer Vorsicht, welche das in Vorhabe Genommene "auf eine bestimmte Auslegbarkeit hin 'anschneidet.' Das in der Vorhabe gehaltene und 'vorsichtig' anvisierte Verstandene wird durch die Auslegung begreiflich" (ebd.)."
Die Auslegung kann die entsprechende Begrifflichkeit aus dem Auszulegenden selber schöpfen oder aber in 'widerliche' Begriffe zwängen. Je schon gründet die Auslegung in einem Vorgriff.
"Sinn ist das durch Vorhabe, Vorsicht und Vorgriff strukturierte Woraufhin des Entwurfs, aus dem her etwas als etwas verständlich wird" (a.a.O. S. 151). Entwurf ist das Verstehen, das an ihm selbst die existenziale Struktur hat und so das Sein des Daseins -des Menschen- ursprünglich auf sein Worumwillen entwirft.
Sinn ist ein Existenzial, d.h. ein Seinscharakter des Daseins, nicht eine an diesem Seienden haftende Eigenschaft. "Sinn 'hat' nur das Dasein, sofern die Erschlossenheit des In-der-Welt-seins durch das in ihr entdeckbare Seiende 'erfüllbar' ist. Nur Dasein kann daher sinnvoll oder sinnlos sein. Das besagt: sein eigenes Sein und das mit diesem erschlossene Seiende kann im Verständnis zugeeignet sein oder dem Unverständnis versagt bleiben" (ebd.). Die Frage nach dem Sinn von Sein "ergrübelt nichts, was hinter dem Sein steht, sondern fragt nach ihm selbst, sofern es in die Verständlichkeit des Daseins hereinsteht" (a.a.O. S. 152).

3. Sein ist das transcendens schlechthin

"Das Sein ist der 'allgemeinste' Begriff: τὸ ὂν ἐστι καθόλου μάλιστα πάντων."
So zitiert Heidegger aus der Metaphysik des Aristoteles (SuZ, S. 3).
Die Allgemeinheit von Sein umgrenzt aber nicht die oberste Region des Seienden inbezug auf die begriffliche Artikulation von Gattung und Art.[1]
Nach Heidegger ist die 'Allgemeinheit' von 'Sein' nicht die der Gattung. "Die 'Allgemeinheit' des Seins 'übersteigt' alle gattungsmässige Allgemeinheit" (SuZ, S. 3). 'Sein' ist nach der mittelalterlichen Ontologie ein 'transcendens'. Die Einheit dieses transzendental 'Allgemeinen' - gegenüber den obersten Gattungsbegriffen - hat schon

---

1) Aristoteles nennt die "obersten Gattungen Kategorien." (Agatho Locher, Grundriss der aristotelisch-thomistischen Philosophie; 1. Teil, S. 3)

Aristoteles "als die Einheit der Analogie erkannt" (ebd.).[2]
Mit der Entdeckung der Einheit der Analogie hat Aristoteles das Problem des Seins grundsätzlich neu gestellt. Gelichtet hat aber auch er das Dunkel dieser kategorialen Zusammenhänge nicht.

Die mittelalterliche Ontologie ist in den thomistischen und skotistischen Schulen auch nicht zu grundsätzlicher Klärung des Seinsproblems gekommen. Hegel hat dann das Sein als das 'unbestimmte Unmittelbare' seiner 'Logik' zugrunde gelegt. Auch dies entspricht der Blickrichtung der antiken Ontologie, nur dass Hegel das schon von Aristoteles gestellte Problem der Seinseinheit "gegenüber der Mannigfaltigkeit der sachhaltigen 'Kategorien' aus der Hand" gegeben hat (ebd.).[3]
Im Sinne von Heidegger sind Kategorien "Seinsbestimmungen des nicht daseinsmässigen Seienden" (SuZ, S. 44).
Die Seiendes-Definition der traditionellen Logik ist auf das Sein nicht anwendbar. 'Sein' ist zwar der 'allgemeinste' Begriff, aber keineswegs der klarste; 'Sein' ist nicht so etwas wie Seiendes" (SuZ, S. 4). Schon Platon will (nach Heidegger) sagen: "Sein und Seiendes sind verschieden geortet" (WhD?, S. 174).
Als Grundthema der Philosophie ist das Sein keine Gattung eines Seienden, und doch betrifft es jedes Seiende." Sein und Seinsstruktur liegt über jedes Seiende und jede mögliche seiende Bestimmtheit eines Seienden hinaus. Sein ist das transcendens schlechthin ... Jede Erschliessung von Sein als des transcendens ist transzendentale Erkenntnis" (SuZ, S. 38).
Das "Sein" ist der selbstverständliche Begriff. In jedem Erkennen, in jedem Aussagen, in jedem Verhalten zu Seiendem, in jedem Sich-zu-sich-selbst-verhalten ist der 'Sein'-Gebrauch ohne weiteres verständlich. Jeder versteht 'Sein' in den Sätzen: "Der Himmel ist blau"; "Ich bin gerne da"; "Das Haus ist neu".
Heidegger bezeichnet dieses 'Ist'-Begreifen durchschnittliches Verstehen, durchschnittliche Verständlichkeit und sagt, sie demonstriere nur die Unverständlichkeit. "Sie macht offenbar, dass in jedem Verhalten und Sein zu Seiendem als Seiendem a priori ein Rätsel liegt. Dass wir je schon in einem Seinsverständnis leben und der Sinn von Sein zugleich in Dunkel gehüllt ist, beweist die grundsätzliche Notwendigkeit, die Frage nach dem Sinn von 'Sein' zu wiederholen" (S. 4, SuZ).
Die Undefinierbarkeit des Seins erlaubt nicht, die Frage nach dem Seins-Sinn zu lassen, die Undefinierbarkeit fordert dazu gerade auf.

---

2) Ἀνὰ λόγον, dem Gedanken nach gleich wird z. B. Sein von Gott und den Geschöpfen "ausgesagt, jedoch von Gott in höherm Grade, weil er das Sein in vollkommenstem Masse besitzt." (Bernhard Kälin, Logik und Metaphysik, S. 22)

3) Alles Sein ist nach Hegel "realisierter Gedanke, alles Werden Entwicklung des Denkens." (G. Kropp, Philosophie/Ein Gang durch ihre Geschichte.)

4. Das Sein ist das, was Seiendes als Seiendes bestimmt

Eigentlich fehlt die Antwort auf die Frage nach dem Sein. Sogar die Frage danach ist nach Heidegger dunkel und richtungslos. "Die Seinsfrage wiederholen besagt daher: erst einmal die Frage stellung zureichend ausarbeiten" (a.a.O. S. 4). Die Frage nach dem Sinn von Sein sollen wir stellen. Vielleicht ist sie sogar d i e Fundamentalfrage.
Was gehört zu einer Frage? Wie kann die Seinsfrage als eine ausgezeichnete sichtbar gemacht werden?
Jedes Fragen ist ein Suchen. Fragen ist erkennendes Suchen. Solches kann zum Untersuchen werden. Es kann das freilegend bestimmen, wonach die Frage steht. Das Fragen hat sein Gefragtes und sein Befragtes. In der untersuchenden Frage soll das Gefragte bestimmt und begriffen werden. Im Gefragten liegt das Erfragte, das Ziel des Fragens.

Das Fragen selber ist Verhalten eines Seienden. Es ist das Verhalten des Fragers und hat so einen eigenen Seinscharakter.
Wer kann fragen? Wer kann Sein begreifen? Ist es nicht einzig das Seiende, das in der Sprache fragen und Begriffe bilden kann?
Heidegger sagt: "Indem die Sprache erstmals das Seiende nennt, bringt solches Nennen das Seiende erst zum Wort und zum Erscheinen. Dieses Nennen ernennt das Seiende zu seinem Sein aus diesem ..." (Holzwege, S. 60/61).
Seiendes soll zu seinem Sein ernannt werden. Kann das Verhalten des Fragers, welches Seiendes fragend zum Wort bringt, zum Antworten und damit zum Seinsernennen werden?
Nach Heidegger bedarf das Fragen einer Leitung vom Gesuchten her. Und zwar spricht er von vorgängiger Leitung, da Fragen Suchen ist. "Der Sinn von Sein muss uns daher schon in gewisser Weise verfügbar sein" (SuZ, S. 5).
Vorgängig schon bewegen wir uns in einem Seinsverhältnis. Aus diesem ontologischen Zusammenhang wächst die ausdrückliche Frage nach dem Seinssinn und die Tendenz zu dessen Begriff.
Was 'Sein' besagt, wissen wir nicht. Aber schon mit der Frage: was i s t 'Sein'? halten wir uns in einem Verständnis des "ist", ohne dass wir das "ist" begrifflich fassen könnten. Nicht einmal den Horizont kennen wir, aus dem her wir den Sinn fixieren sollten. Solch tatsächliches Seinsverständnis ist durchschnittlich und vage.
Das Gesuchte im Fragen nach dem Sein ist indes nicht völlig unbekannt. Das Gefragte "ist das Sein, das, was Seiendes als Seiendes bestimmt, das, woraufhin Seiendes, mag es wie immer erörtert werden, je schon verstanden ist. Das Sein des Seienden 'ist' nicht selbst ein Seiendes" (a.a.O. S. 6).
Der Begriff Erörtern ruft das verschieden Geortetsein von Sein und Seiendem in Erinnerung.
Sein hat nicht den Charakter eines möglichen Seienden. Sein als das Gefragte "verlangt eine Aufweisungsart, die sich von der Entdeckung des Seienden wesenhaft unterscheidet. Sonach wird auch das Erfragte, der Sinn von Sein, eine eigene Begrifflichkeit verlangen, die sich wieder wesenhaft abhebt gegen die Begriffe, in denen Seiendes seine bedeutungsmässige Bestimmtheit erreicht" (SuZ, S. 6).

Das Sein macht das Gefragte aus. Sein besagt Sein von Seiendem. Das Seiende selbst ist das Befragte der Seinsfrage.
Die Seinsfrage verlangt die Gewinnung und Sicherung der rechten Zugangsart zum Seienden. Seiend heissen wir vieles und in verschiedenem Sinne, d.h. in verschiedenem Entwurfsbereich des Verstehens. Seiend ist alles, wovon wir sprechen, wozu wir uns so und anders verhalten, seiend ist auch, was und wie wir selbst sind. Sein liegt im Dass- und Sosein, in Existenz und Essenz. Sein liegt in Realität und Vorhandenheit. Sein liegt in Bestand und Getlung, in dem, was gilt: im Sinn. Sein liegt im "es gibt". Sein liegt im Dasein.
An welchem Sein soll der Sinn von Sein abgelesen werden? Hat ein bestimmtes Seiendes in der Ausarbeitung der Seinsfrage einen Vorrang? Verhaltungen des Fragens wie Verstehen und Begreifen sind Seinsmodi eines bestimmten Seienden. Sie sind Seinsmodi des Seienden, das wir, die Fragenden, je selbst sind. Ausarbeitung der Seinsfrage ist also: "Durchsichtigmachen eines Seienden - des fragenden - in seinem Sein. Das Fragen dieser Frage ist als S e i n s modus eines Seienden selbst von dem her wesenhaft bestimmt, wonach in ihm gefragt ist - vom Sein. Dieses Seiende, das wir selbst je sind und das unter anderem die Seinsmöglichkeit des Fragens hat, fassen wir terminologisch als D a s e i n " (SuZ, S. 7).

5. Seinsverständnis ist eine Seinsbestimmtheit des Daseins

In aller bisherigen Ontologie wird nach Heidegger das 'Sein vorausgesetzt', aber nicht als verfügbarer Begriff, nicht als das Gesuchte. Das Voraussetzen des Seins hat den Charakter der vorgängigen Hinblicknahme auf Sein.
Dieser Hinblick auf das Sein entwächst dem durchschnittlichen und vagen Seinsverständnis, in dem wir uns stets schon bewegen. Dieses Seinsverständnis gehört "zur Wesensverfassung des Daseins selbst" (a.a.O. S. 8). Die wesenhafte Betroffenheit des Fragens vom Gefragten eignet dem eigensten Sinn der Seinsfrage. Dies besagt, dass das Seiende vom Charakter des Daseins einen Bezug zur Seinsfrage hat. Ist etwa die Seinsfrage "die prinzipiellste und konkreteste Frage zugleich?" (a.a.O. S. 9).
Das philosophisch Primäre ist nach Heidegger "nicht eine Theorie der Begriffsbildung der Historie, sondern die Interpretation des eigentlich geschichtlich Seienden auf seine Geschichtlichkeit" (S. 10a.a.O.).
Ontologisches Fragen bleibt naiv, wenn im Forschen nach dem Sein des Seienden der Sinn von Sein nicht erörtert wird. "Alle Ontologie, mag sie über ein noch so reiches und festverklammertes Kategoriensystem verfügen, bleibt im Grunde blind und eine Verkehrung ihrer eigensten Absicht, wenn sie nicht zuvor den Sinn von Sein zureichend geklärt und diese Klärung als ihre Fundamentalaufgabe begriffen hat" (S. 11a.a.O.).
Ontologie oder Wissenschaft des Seienden als eines solchen ist eine besondere Verhaltung des Menschen. Wissenschaft kann als das Ganze eines Begründungszusammenhanges wahrer Sätze definiert werden (Heidegger, a.a.O. S. 11). Als Wissenschaft vom Seienden schlechthin ist Ontologie ausgezeichnet. Vor anderem Seienden ausgezeichnet ist offenbar das Seiende Mensch.
Das Dasein kommt nicht nur unter anderem Seienden vor. Es ist dadurch ausgezeich-

net, "dass es diesem Seienden in seinem Sein um dieses Sein selbst geht" (a.a.
O. S. 12).
Es gehört zur Seinsverfassung des Daseins, dass es in seinem Sein zu diesem ein
Seinsverhältnis hat. Das heisst, dass Dasein sich irgendwie und ausdrücklich in
seinem Sein versteht. Diesem Seienden ist sein Sein durch es erschlossen. "Selbstverständnis ist selbst eine Seinsbestimmtheit des Daseins. Die ontische Auszeichnung des Daseins liegt daran, dass es ontologisch ist" (SuZ, S. 12). Ontisch ist
existenziell, d.h. durch Existenz bestimmt, seiend. Ontologisch ist in der Weise
von Seinsverstehen seiend. Das Dasein ist darin ontisch ausgezeichnet, dass es
seiend ist "in der Weise eines Verstehens von Sein" (a.a.O. S. 12).
Das Sein, zu dem sich Dasein verhält und verhalten kann, nennt Heidegger Existenz.

Die Wesensbestimmung dieses Seienden wird nicht durch Angabe eines sachhaltigen
Was vollzogen. Sein Wesen liegt vielmehr darin, "dass es je sein Sein als seiniges
zu sein hat" (a.a.O. S. 12). Der Titel Dasein ist reiner Seinsausdruck zur Bezeichnung dieses Seienden.
Immer versteht sich das Dasein aus seiner Existenz. Es versteht sich aus einer
Möglichkeit seiner selbst, es selbst oder nicht es selbst zu sein. Die Existenz
wird nur vom jeweiligen Dasein selbst entschieden. "Die Frage der Existenz ist
immer nur durch das Existieren selbst ins Reine zu bringen. Das hierbei führende
Verständnis seiner selbst nennen wir das existenzielle. Die Frage der Existenz ist
eine ontische Angelegenheit des Daseins" (S. 12a.a.O.).
Die Frage nach der ontologischen Struktur der Existenz zielt auf die Analyse dessen,
was Existenz konstituiert. Der Strukturenzusammenhang ist die Existenzialität.
Deren Zergliederung hat den Charakter eines existenzialen Verstehens.
Da Existenz das Dasein bestimmt, "blickt" die ontologische Analytik dieses Seienden
auf Existenzialität. Diese ist "Seinsverfassung des Seienden, das existiert" (S. 13
a.a.O.). In der Idee einer solchen Verfassung ist schon die Idee von Sein. So hängt
eine mögliche Daseinsanalytik an der Frage nach dem Sinn von Sein überhaupt. Die
Fundamentalontologie, die Seinswissenschaft, welche ihren Grund finden will, kann
nur in der existenzialen Analytik des Daseins gesucht werden.

6. Das Dasein ist das ontologisch primär zu Befragende

Es hat das Dasein einen mehrfachen Vorrang vor allem anderen Seienden. Ontisch
ist es erstrangig: es ist in seinem Sein durch Existenz bestimmt. Ontologisch ist
der zweite Vorrang: es ist aufgrund seiner Existenzbestimmtheit an ihm selbst
seinsverstehend.
Dem Dasein eignet auch "ein Verstehen des Seins alles nicht daseinsmässigen Seienden. Das Dasein hat daher den dritten Vorrang als ontisch-ontologische Bedingung
der Möglichkeit aller Ontologien. Das Dasein hat sich so als das vor allem anderen
Seienden ontologisch primär zu Befragende erwiesen" (S. 13a.a.O.).
Dieser Vorrang hat nichts zu tun mit einer schlechten Subjektivierung des Alls des
Seienden. Das Dasein ist das vorgängig auf das Sein zu befragende Seiende. Die
Seinsfrage ist "die Radikalisierung einer zum Dasein gehörigen wesenhaften Seinstendenz, des vorontologischen Seinsverständnisses" (S. 15a.a.O.). Vor-ontologisch

ist "das noch nicht zum Begriff gekommene Seinsverständnis" (Vom Wesen des Grundes, S. 14).
Das Dasein hat die Tendenz, das eigene Sein aus dem Seienden her zu verstehen, zu dem es sich wesenhaft ständig und zunächst verhält, aus der 'Welt' (SuZ, S. 15). "Im Dasein selbst und damit im eigenen Seinsverständnis liegt ein Weltverständnis. 'Welt' ist ontologisch ein Charakter des Daseins selbst. Ontisch ist Welt das, 'worin' ein Dasein als dieses 'lebt' " (SuZ, S. 64/65).
Dasein versteht seiend so etwas wie Sein. Das, von wo aus Dasein so etwas wie Sein unausdrücklich, vorontologisch versteht und auslegt, ist die Zeit. Sie ist der Horizont, das Bis-dahin, das aufhörende Umgrenzen alles Seinsverständnisses und jeder Seinsauslegung. Alle Problematik der Ontologie ist in der Zeit verwurzelt. "Die fundamentale ontologische Aufgabe der Interpretation von Sein als solchem begreift daher in sich die Herausarbeitung der Temporalität des Seins" (a.a. O. S. 19).
In seiner Arbeit "Was ist Metaphysik?" schreibt Heidegger: " 'Sein' ist in 'Sein und Zeit' nicht etwas anderes als 'Zeit', insofern die 'Zeit' als der Vorname für die Wahrheit des Seins genannt wird, welche Wahrheit das Wesende des Seins und so das Sein selbst ist" (S. 17).
Heidegger fährt dann in genannter Schrift weiter, die Griechen hätten von früh an das Sein des Seienden als die Anwesenheit des Anwesenden erfahren. Das Wesen des Anwesens, des εἶναι, sei tief geborgen in den anfänglichen Namen des Seins. "Für uns aber sagt εἶναι und οὐσία als παρ-und ἀπουσία zuvor dies: im Anwesen waltet ungedacht und verborgen Gegenwart und Andauern, west Zeit. Sein als solches ist demnach unverborgen aus Zeit. So verweist Zeit auf die Unverborgenheit, d.h. die Wahrheit von Sein. ... Zeit ist offenbar noch anderen ganz Wesens, das durch den Zeitbegriff der Metaphysik nicht nur noch nicht gedacht, sondern niemals zu denken ist. So wird Zeit der erst zu bedenkende Vorname für die allererst zu erfahrende Wahrheit des Seins" (WiM? S. 17/18).

Sein wird nur im Hinblick auf Zeit fassbar. So kann die Antwort auf die Seinsfrage nicht in einem blinden Satz liegen. "Die Antwort gibt ihrem eigensten Sinne nach eine Anweisung für die konkrete ontologische Forschung innerhalb des freigelegten Horizontes mit dem untersuchenden Fragen zu beginnen - und sie gibt nur das" (SuZ, S. 19).
Alle Forschung ist eine ontische Möglichkeit des Seins des Menschen. Das Sein des Daseins findet seinen Sinn in der Zeitlichkeit. Diese ist Bedingung einer möglichen Geschichtlichkeit als einer Seinsart des Daseins selbst. Geschichtlichkeit meint die Seinsverfassung des 'Geschehens' des Daseins als solchen.
Wie und was es schon war, ist das Dasein je in seinem tatsächlichen Sein. Das Dasein ist seine Vergangenheit, und zwar "in der Weise seines Seins, das, roh gesagt, jeweils aus seiner Zukunft her 'geschieht' " (SuZ, S. 19/20). Des Daseins Vergangenheit folgt ihm nicht nach, sondern geht ihm je schon vorweg (ebd.).
Als "vorgängige Explikation des Daseins in seiner Zeitlichkeit und Geschichtlichkeit" (a.a.O. S. 21) ist die Frage nach dem Sinn des Seins, von ihr selber dazu veranlasst, sich als historische Frage zu verstehen. Die Tradition aber entwurzelt nach Heidegger die Geschichtlichkeit des Daseins so sehr, dass sich dieses nur mehr mit philosophischen Standpunkten fremdester Kulturen beschäftigt und damit "die eigene Bo-

denlosigkeit zu verhüllen sucht" (a.a.O. S. 21). Die griechische Ontologie und ihre
Geschichte, welche heute noch die Begrifflichkeit der Philosophie bestimmt, ist
Beweis dafür, dass das Sein des Menschen sich selbst und das Sein schlechthin
"aus der 'Welt' her versteht, und dass die so erwachsene Ontologie der Tradition
verfällt ... Diese entwurzelte griechische Ontologie wird im Mittelalter zum festen Lehrbestand" (a.a.O. S. 21/22).
Um die Geschichte der Seinsfrage durchsichtig zu machen, muss die verhärtete
Tradition aufgelockert werden. Es bedarf der positiven "Destruktion des überlieferten Bestandes der antiken Ontologie auf die ursprünglichen Erfahrungen, in
denen die ersten und fortan leitenden Bestimmungen des Seins gewonnen wurden"
(a.a.O. S. 22). Negierend verhält sich die De-struktion nicht zur Vergangenheit,
sondern zur heutigen Behandlungsart der Geschichte der Ontologie. "Die Problematik der griechischen Ontologie muss wie die einer jeden Ontologie ihren Leitfaden aus dem Dasein selbst nehmen. Das Dasein, d.h. das Sein des Menschen
ist in der vulgären ebenso wie in der philosophischen 'Definition' umgrenzt als
ζῶον λόγον ἔχον, das Lebende, dessen Sein wesenhaft durch das Redenkönnen
bestimmt ist" (a.a.O. S. 25).
Das λέγειν gewinnt die Seinsstrukturen des "im Ansprechen und Besprechen begegnenden Seienden" (ebd.). Aus dem Dasein kann Dasein Sein verstehen. "Die
Abhebung des Seins vom Seienden und die Explikation des Seins selbst ist Aufgabe der Ontologie" (a.a.O. S. 27).

7. Ontologie ist nur als Phänomenologie möglich

Die Fundamentalfrage der Philosophie ist die Frage nach dem Sinn des Seins. Die
Behandlungsart dieser Frage ist phänomenologisch. Phänomenologie ist weder
Standpunkt noch Richtung. Phänomenologie bedeutet einen Begriff der Methode.
"Er charakterisiert nicht das sachhaltige Was der Gegenstände der philosophischen
Forschung, sondern das Wie dieser" (SuZ, S. 27). Die Maxime der Phänomenologie lässt sich formulieren: 'zu den Sachen selbst!' (ebd. zitiert).

Phänomen bedeutet "das Sich-an-ihm-selbst-zeigende, das Offenbare." (a.a.O.
S. 28). Die Phänomene sind die Gesamtheit dessen, was am Tage liegt oder ans
Licht gebracht werden kann. Die Griechen identifizierten dieses Gesamt zuweilen
mit τὰ ὄντα : das Seiende. Seiendes kann sich je nach der Zugangsart zu ihm verschieden von ihm selbst her zeigen. Es besteht sogar die Möglichkeit, dass Seiendes sich als das zeigt, was es an ihm selbst nicht ist. Diesfalls sieht das Seiende
"so aus wie ..." (ebd.). Solches Zeigen heisst man Scheinen.
Der Ausdruck φαινόμενον hat die Bedeutung: das so Aussehende wie, das scheinbar so Seiende. Φαινόμενον ἀγαθὸν meint ein Gutes, das so aussieht wie, aber in
re nicht ist, als was es sich gibt. Nur sofern etwas seinem Sinne nach prätendiert,
Phänomen zu sein oder eben sich zu zeigen, "kann es sich zeigen als etwas, was
es nicht ist, kann es 'nur so aussehen wie ...' " (a.a.O. S. 29).
In der φαινόμενον -Bedeutung Schein liegt schon die ursprüngliche Bedeutung mitbeschlossen: das Offenbare. Heidegger unterscheidet Phänomen "von Schein als
der privaten Modifikation von Phänomen" (ebd.) und denkt es positiv. Was 'Schein'

29

und 'Phänomen' ausdrücken, hat zunächst nichts zu tun mit 'Erscheinung'. Erscheinung als Erscheinung 'von etwas' besagt "gerade nicht: sich selbst zeigen, sondern das Sichmelden von etwas, das sich nicht zeigt, durch etwas, was sich zeigt. Erscheinen ist ein Sich-nicht-zeigen" (ebd.). Worin etwas 'erscheint', besagt, worin sich etwas meldet, d.h. sich nicht zeigt. Phänomene sind also nie Erscheinungen, jede Erscheinung aber ist angewiesen auf Phänomene.
Der Ausdruck 'Erscheinung' bedeutet ein Doppeltes: das Erscheinen im Sinne des Sichmeldens als Sich-nicht-zeigen und dann das Meldende selbst - das in seinem Sichzeigen etwas Sich-nicht-zeigendes anzeigt. Weil indes der Begriff 'Erscheinung' noch andere Bedeutungen annehmen kann, ist nach Heidegger die Verwirrung unvermeidlich. Für Kant bedeutet Erscheinung das Hervorgebrachte, welches aber nie das eigentliche Sein des Hervorbringenden ausmacht. Das Nichtoffenbare wird nie offenbar: die Erscheinung ist 'blosse Erscheinung'. Erscheinungen sind das, was sich in der 'empirischen Anschauung' zeigt.
Phänomen ist das Sich-an-ihm-selbst-zeigen und bedeutet eine besondere Begegnisart von etwas. Erscheinung dagegen bedeutet einen Verweisungsbezug im Seienden selber. Das Verweisende oder Meldende kann seiner möglichen Funktion nur genügen, wenn es im ursprünglichen Sinne Phänomen ist, wenn es sich an ihm selbst zeigt.
Heidegger sagt, dass nach Kant das Erscheinung sei, was sich in der empirischen Anschauung zeige, die "Gegenstände der empirischen Anschauung" (SuZ, S. 30).

Nach Heidegger sind Erscheinung und Schein in verschiedener Weise im Phänomen fundiert. "Die verwirrende Mannigfaltigkeit der 'Phänomene', die mit den Titeln Phänomen, Schein, Erscheinung, blosse Erscheinung genannt werden, lässt sich nur entwirren, wenn von Anfang an der Begriff von Phänomen verstanden ist: das Sich-an-ihm-selbst-zeigende" (a.a.O. S. 31).
Was sich in den Erscheinungen Kants zeigt, sind Phänomene der Phänomenologie. Denn Raum und Zeit müssen sich so zeigen können, "müssen zum Phänomen werden können, wenn Kant eine sachgegründete transzendentale Aussage damit beansprucht, wenn er sagt, der Raum sei das apriorische Worinnen einer Ordnung" (ebd.).[4]
Der Begriff Phänomenologie setzt sich aus φαινόμενον und λόγος zusammen.
Λόγος ist bei Platon und Aristoteles vieldeutig. Die Bedeutungen strebten nach Heidegger auseinander, "ohne positiv durch eine Grundbedeutung geführt zu sein" (SuZ, S. 32).
Die Grundbedeutung von λόγος ist Rede. Diese wörtliche Uebersetzung wird indes erst vollgültig aus der Bestimmung dessen, was Rede selbst besagt.
Λόγος als Rede besagt soviel wie δηλοῦν : offenbar machen das, wovon in der Rede 'die Rede' ist. Aristoteles hat diese Funktion der Rede expliziert als ἀποφαίνεσθα

---

4) Nach Kant ist alle Erkenntnis transzendental, die sich "mit unsern Begriffen a priori von Gegenständen überhaupt beschäftigt." A priori sind allgemeine Erkenntnisse, die zugleich innerlich notwendig sind," von der Erfahrung unabhängig, vor sich selbst klar und gewiss." (KdrV, Bd. 37a/Phil. Bibl., S. 55 und 38)

Der λόγος lässt etwas sehen, wovon die Rede ist. In der Rede, der αποφανσις soll aus dem, worüber geredet wird, geschöpft sein "so dass die redende Mitteilung in ihrem Gesagten das, worüber sie redet, offenbar und so dem anderen zugänglich wird" (ebd.).
Weil die Funktion des λόγος als ἀπόφανσις im aufweisenden Sehenlassen von etwas liegt, kann der λόγος die apophantische Bedeutung von σύνθεσις haben. Das συν besagt hier: etwas "in seinem Beisammen mit etwas, etwas als etwas sehen lassen" (a.a.O. S. 33).
Weil der λόγος ein Sehenlassen ist, kann er wahr oder falsch sein. Das 'Wahrsein' des λόγος als ἀληθεύειν besagt: das Seiende, von dem die Rede ist, im λέγειν als ἀποφαίνεσθαι aus der Verborgenheit herausnehmen und als Unverborgenes, als ἀληθές sehen lassen, entdecken. 'Falschsein' besagt im gleichen: täuschen im Sinne von verdecken: etwas in der Weise des Sehenlassens vor ein anderes stellen und es damit ausgeben als dieses andere, das es nicht ist.
'Wahrsein' ist entdecken, 'Falschsein' ist verdecken.
'Wahr' ist im griechischen Sinne "und zwar ursprünglicher als der genannte λόγος die αἴσθησις., das schlichte, sinnliche Vernehmen von etwas ... Im reinsten und ursprünglichsten Sinne 'wahr' - d.h. nur entdeckend, so dass es nie verdecken kann, ist das reine νοεῖν , das schlicht hinsehende Vernehmen der einfachsten Seinsbestimmungen des Seienden als solchen. Dieses νοεῖν kann nie verdecken, nie falsch sein, es kann allenfalls ein U n v e r n e h m e n bleiben, ἀγνοεῖν , für den schlichten, angemessenen Zugang nicht zureichen" (SuZ, S. 33).
Die 'Urteilswahrheit' ist nach Heidegger nur ein Gegenfall zum Verdecken, "ein mehrfach fundiertes Phänomen der Wahrheit" (a.a.O. S. 34).
Die Funktion des λόγος liegt im schlichten Sehenlassen von etwas, im Vernehmenlassen des Seienden. Aus diesem Grunde kann λόγος Vernunft bedeuten. Λόγος braucht sich nicht allein in der Bedeutung von λέγειν , sondern zugleich in der von λεγόμενον . Dieses ist das Aufgezeigte als solches und damit nichts anderes als das ὑποκείμενον , das subjectum, das zum Grunde Liegende. Darum besagt λόγος als λεγόμενον Grund, ratio. Weil schliesslich λόγος das als etwas Angesprochene, in seiner Beziehung zu etwas sichtbar Gewordene ist, bedeutet λόγος Beziehung und Verhältnis.
Griechisch lässt sich der Ausdruck Phänomenologie formulieren: λέγειν τὰ φαινόμενα. Λέγειν besagt ἀποφαίνεσθαι . Damit bedeutet Phänomenologie: " ἀποφαί-" νεσθαι τὰ φαινόμενα : Das was sich zeigt, so wie es sich von ihm selbst her zeigt, von ihm selbst her sehen lassen" (a.a.O. S. 34). Phänomenologie hat einen andern Sinn als z.B. Theologie. Phänomenologie nennt nicht den Gegenstand ihrer Forschungen, sie charakterisiert auch nicht deren Sachhaltigkeit. Das Wort Phänomenologie "gibt nur Aufschluss über das W i e der Aufweisung und Behandlungsart dessen, w a s in dieser Wissenschaft abgehandelt werden soll. Wissenschaft 'von' den Phänomenen besagt: eine s o l c h e Erfassung ihrer Gegenstände, dass alles, was über sie zur Erörterung steht, in direkter Aufweisung und direkter Ausweisung abgehandelt werden muss" (a.a.O. S. 34/35).
Was soll nun die Phänomenologie sehen lassen? Was ist seinem Wesen nach Thema einer ausdrücklichen Aufweisung? So frägt Heideger und antwortet: "Offenbar solches, was sich zunächst und zumeist gerade nicht zeigt, was gegenüber dem, was sich zunächst und zumeist zeigt, verborgen ist, aber zugleich etwas ist, was wesen-

haft zu dem, was sich zunächst und zumeist zeigt, gehört, so zwar, dass es seinen Sinn und Grund ausmacht" (SuZ, S. 35).

Was in einem ausnehmenden Sinne verborgen bleibt oder wieder in die Ver-deckung zurückfällt oder nur ver-stellt sich zeigt, ist das Sein des Seienden. Was aus seinem eigensten Sachgehalt her verlangt, Phänomen zu werden, nimmt die Phänomenologie als Gegenstand thematisch auf. "Phänomenologie ist die Zugangsart zu dem und die ausweisende Bestimmungsart dessen, was Thema der Ontologie werden soll. Ontologie ist nur als Phänomenologie möglich" (a.a.O. S. 35).

Die Phänomenologie ist sachhaltig die Wissenschaft vom Sein des Seienden, Ontologie.

Die Fundamental-Ontologie hat das ontologisch-ontisch ausgezeichnete Seiende zum Thema, das Dasein, und zwar so, dass sie sich "vor die Frage nach dem Sinn von Sein überhaupt bringt" (a.a.O. S. 37). Die Fundamental-Ontologie frägt nach dem Fundament der Wissenschaft vom Sein des Seienden, d.h. nach dem Grund von Sein schlechthin.

Es drängt sich hier eine andere Wendung Heideggers auf: "Sein heisst Grund" (Der Satz vom Grund, S. 204). Etwas später heisst es: "Sein wird als Grund erfahren. Der Grund wird als ratio, als Rechenschaft gedeutet. Der Mensch ist das rechnende Lebewesen" (SvG, S. 210).

Als rechnendes Wesen braucht der Mensch Methoden. Er bedarf ihrer zum Begreifen, zum Verstehen, zum Klären.

Phänomenologisches Vorgehen ist Methode. Der methodische Sinn der phänomenologischen Deskription ist Auslegung. "Der λόγος der Phänomenologie des Daseins hat den Charakter des ἑρμηνεύειν, durch das dem zum Dasein selbst gehörigen Seinsverständnis der eigentliche Sinn von Sein und die Grundstrukturen seines eigenen Seins kundgegeben werden. Phänomenologie des Daseins ist Hermeneutik in der ursprünglichen Bedeutung des Wortes, wonach es das Geschäft der Auslegung bezeichnet" (SuZ, S. 37). Sofern das Dasein als Seiendes in der Möglichkeit der Existenz den ontologischen Vorrang hat vor allem Seienden, d.h. erstrangig seiend ist in der Weise eines Verstehens von Sein, insofern eignet der Hermeneutik als Auslegung des Seins des Daseins der primäre Sinn einer Zergliederung der Existenzialität der Existenz, d.h. einer Analytik der Seinsverfassung des Seienden, das existiert des Seienden, das zu Sein sich so oder anders verhält.

Das Sein, zu dem sich Dasein verhält, ist keine Gattung des Seienden. Dennoch betrifft es jedes Seiende. Sein liegt über jedes Seiende und jede Bestimmtheit eines Seienden hinaus. Sein transzendiert alles. Das Uebersteigen des Seins des Daseins ist ausgezeichnet, sofern in ihm "die Möglichkeit und Notwendigkeit der radikalsten Individuation liegt.[5] Jede Erschliessung von Sein als des transcendens ist transzendentale Erkenntnis. Phänomenologische Wahrheit (Erschlossenheit von Sein) ist veritas transcendentalis" (SuZ, S. 38).

---

5) Allgemein bedeutet Individuation Vereinzelung. Offenbar setzt Heidegger diesen Begriff voraus. Auch Hildgard Feicks Index gibt keine bezügliche Belegstelle an. - Individuationsprinzip ist "das, was macht, dass es (überhaupt oder von einer bestimmten Gattung) viele Wesen gibt." (Richard Falckenberg, Geschichte der Neueren Philosophie, S. 510)

Ontologie und Phänomenologie kennzeichnen die Philosophie nach Gegenstand und Behandlungsart. Sie sind nicht verschiedene Disziplinen, die neben anderen zur Philosophie gehören. "Philosophie ist universale phänomenologische Ontologie, ausgehend von der Hermeneutik des Daseins, die als Analytik der Existenz das Ende des Leitfadens alles philosophischen Fragens dort festgemacht hat, woraus es entspringt und wohin es zurückschlägt" (ebd.). Philosophie ist die umfassende Wissenschaft vom Sein des Seienden. Sie folgt in der Erfassung ihrer Gegenstände der Gesetzmässigkeit dessen, was sich an ihnen selbst zeigt. In direkter Ausweisung handelt sie ab, was über ihre Gegenstände zur Erörterung steht. Es geht diese Verhaltung des Menschen von der Auslegung des Seins des Daseins aus, wodurch dem Menschen der eigentliche Sinn von Sein und die Grundstrukturen seines eigenen Seins kundgegeben werden. Die Auslegung des Seins des Daseins ist die Zergliederung des Vorhandenseins des Menschen mit allen seinen Bezügen. Als solche Zergliederungskraft hat die Wissenschaft vom Sein des Seienden alles forschende Fragen im Beginn des Menschseins festgemacht, an dem Ort, woraus es entspringt und wohin es zurückschlägt; im Wesensbereich des Menschen, in dem er "als Mensch steht" (WiM? S. 14), und damit in der "Hineingehaltenheit des Daseins in das Nichts" (WiM? S. 38).

8. Warum ist überhaupt Seiendes und nicht vielmehr Nichts?

Die Fundamentalfrage ist die nach dem Sinn von Sein. Fragend will man das Sein nach seinem Sinn bestimmen. Man - das sind wir Menschen - Jeder von uns in seinem Dasein fragt nach dem Sein, sofern er denkt. Irgendwie denkt jeder Mensch, lässt er sich Denkwürdiges sagen. Denkend fragt er. Fragend spricht er. Mit und in der Sprache kommt der Mensch ans Sein heran.[6] Was dieses Herankommen an das Sein betrifft, haben wir uns bereits Heideggers Wort beherzigt, das Dasein habe im Reich alles Seienden einen mehrfachen Vorrang. Nun fragt er in seiner Schrift "Was ist Metaphysik?", das Seiende gegen ein mögliches Nichts haltend: "Woher kommt es, dass überall Seiendes den Vorrang hat und jegliches 'ist' für sich beansprucht, während das, was nicht ein Seiendes ist, das so verstandene Nichts als das Sein selbst, vergessen bleibt? Woher kommt es, dass Es mit dem Sein eigentlich nichts ist und das Nichts eigentlich nicht west? Kommt gar von hier der unerschütterliche Anschein in alle Metaphysik, dass sich 'Sein' von selbst verstehe und dass sich demzufolge das Nichts leichter mache als Seiendes? So steht es in der Tat um Sein und Nichts. Stünde es anders, dann könnte Leibniz an der genannten Stelle - (Opp. ed. Gerh. tom. VI, 602 n. 7) - nicht erläuternd sagen: Car le rien est plus simple et plus facile que quelque chose" (WiM?, S. 23).
Zur obigen Aeusserung über "das so verstandene Nichts als das Sein selbst" lässt sich eine andere Stelle von Heidegger anführen: Von der Metaphysik her - (Metaphysik ist für Heidegger das Grundgeschehen im Dasein, ja das Dasein selbst) - enthüllt sich zunächst "das verborgene Wesen des Seins, die Verweigerung, als

---

6) "... nur das Seiende ist; denn Sein ist, ein Nichts dagegen ist nicht ..." (Diels, Die Fragmente der Vorsokratiker, S. 45)

das schlechthin Nicht-Seiende, als das Nichts. Aber das Nichts ist als das Nichthafte des Seienden der schärfste Widerpart des bloss Nichtigen. Das Nichts ist niemals nichts, es ist ebensowenig ein Etwas im Sinne eines Gegenstandes; es ist das Sein selbst, dessen Wahrheit der Mensch dann übereignet wird, wenn er sich als Subjekt überwunden hat und d.h., wenn er das Seiende nicht mehr als Objekt vorstellt" (Holzwege, S. 104).

Vielleicht noch treffender ist der Vergleich des oben angeführten "so verstandenen Nichts" mit einer Stelle aus dem Gespräch Heideggers mit einem Japaner, worin Heidegger erläutert: "Die Leere ist ... dasselbe wie das Nichts, jenes Wesende nämlich, das wir als das Andere zu allem An- und Abwesenden zu denken versuchen". Der Japaner antwortet: "Gewiss. Deshalb haben wir in Japan den Vortrag "Was ist Metaphysik?" sogleich verstanden, als er im Jahre 1930 durch die Uebersetzung zu uns gelangte, die ein japanischer Student, der damals bei Ihnen hörte, gewagt hat. - Wir wundern uns heute noch, wie die Europäer darauf verfallen konnten, das im genannten Vortrag erörterte Nichts nihilistisch zu deuten. Für uns ist die Leere der höchste Name für das, was Sie mit dem Wort 'Sein' sagen möchten ..." (Unterwegs zur Sprache, S. 108/09). - Nihilistisch deuten heisst, alles Werthafte und damit den Sinn des Werthaften leugnen.

Heidegger klagt, das Nichts werde von der Wissenschaft abgelehnt und preisgegeben als das Nichtige. "Die Wissenschaft will vom Nichts nichts wissen. Aber ebenso gewiss bleibt bestehen: dort, wo sie ihr eigenes Wesen auszusprechen versucht, ruft sie das Nichts zu Hilfe. Was sie verwirft, nimmt sie in Anspruch. Welch zwiespältiges Wesen enthüllt sich da"? (WiM, S. 27).

Wie steht es um das Nichts? Heidegger argumentiert und antwortet auf diese seine Frage so: Frage und Antwort seien im Hinblick auf das Nichts gleicherweise in sich widersinnig. Es bedürfe also nicht erst der Zurückweisung durch die Wissenschaft. Die allgemeine 'Logik' schlage diese Frage nieder." Denn das Denken, das wesenhaft immer Denken von etwas ist, müsste als Denken des Nichts seinem eigenen Wesen entgegenhandeln" (WiM, S. 28).

Vorausgesetzt, dass die 'Logik' die höchste Instanz ist, sieht sich Heidegger mit seinem Fragen nach dem Nichts am Ende. Seine Frage ist aber jetzt, ob sich die Herrschaft der 'Logik' antasten lasse. Unter der Herrschaft des Verstandes ist das Nichts "die Verneinung der Allheit des Seienden, das schlechthin Nicht-Seiende ... Verneinung ist aber nach der herrschenden und nie angetasteten Lehre der 'Logik' eine spezifische Verstandeshandlung. Wie können wir also in der Frage nach dem Nichts und gar in der Frage seiner Befragbarkeit den Verstand verabschieden wollen? Doch ist es so sicher, was wir da voraussetzen? Stellt das Nicht, die Verneintheit und damit die Verneinung die höhere Bestimmung dar, unter die das Nichts als eine besondere Art des Verneinten fällt? Gibt es das Nichts nur, weil es das Nicht, d.h. die Verneinung gibt? Oder liegt es umgekehrt? Gibt es die Verneinung und das Nicht nur, weil es das Nichts gibt? Das ist nicht entschieden, noch nicht einmal zur ausdrücklichen Frage erhoben. Wir behaupten: das Nichts ist ursprünglicher als das Nicht und die Verneinung" (a.a.O. S. 28).

Wie das Sein, so ist für Heidegger auch das Nichts schon irgendwie zuvor gegeben. Er sagt, wenn es befragt werden solle, müsse es zuvor sein. Wir müssen dem Nichts begegnen können.

"Wie immer es damit bestellt sein mag, wir kennen das Nichts, wenn auch nur als das, worüber wir alltäglich dahin und daher reden" (a.a.O. S. 29). Gibt das Nichts als die vollständige Verneinung der Allheit des Seienden "am Ende nicht einen Fingerzeig in die Richtung, aus der her es uns allein begegnen kann? " (ebd.).

Die Allheit des Seienden muss zuvor gegeben sein, um der Verneinung verfallen zu können. Können wir als endliche Wesen das Ganze des Seienden in seiner Allheit uns zugänglich machen?
Wie wir nie das Ganze des Seienden an sich absolut erfassen können, so sicher finden wir uns im Seienden, das irgendwie im Ganzen enthüllt ist. Ständig befinden wir uns inmitten des Seienden im Ganzen. Selbst wenn wir mit den Dingen und uns nicht eigens beschäftigt sind, überkommt uns das Seiende im Ganzen. Auch der Alltag behält das Seiende in einer Einheit des 'Ganzen', z.B. in der eigentlichen Langeweile. Diese rückt alles in eine merkwürdige Gleichgültigkeit zusammen und offenbart das Seiende im Ganzen. Solche Offenbarung des Seienden im Ganzen bringt anderseits z.B. die Freude an der Präsenz eines geliebten Menschen.
Solches Gestimmtsein hält uns inmitten des Seienden im Ganzen befindlich. Die Befindlichkeit der Stimmung enthüllt das Grundgeschehen unseres Daseins. Die Stimmungen führen uns vor das Seiende im Ganzen. So verbergen sie uns das Nichts. Heideggers Frage lautet: Geschieht im Dasein des Menschen ein solches Gestimmtsein, in dem er vor das Nichts selbst gebracht wird?
Dieses Geschehen ist möglich und wirklich in der Grundbestimmung der Angst. Angst ist grundverschieden von Furcht, die immer ein bestimmtes Seiendes vor sich hat. Die Angst hat die Unbestimmtheit vor sich. Diese Unbestimmtheit "ist kein blosses Fehlen der Bestimmtheit, sondern die wesenhafte Unmöglichkeit der Bestimmbarkeit" (WiM, S. 32). Heidegger sagt, die Angst offenbare das Nichts. Sie verschlägt uns das Wort. Wir, die wir in der Weise eines Verstehens von Sein existieren, können uns in der Angst des Ausdrucks von Seinsverständnis schlecht oder nicht bedienen. Das Seiende im Ganzen entgleitet und das Nichts drängt an. Es schweigt das 'Ist'- Sagen. "Dass die Angst das Nichts enthüllt, bestätigt der Mensch selbst unmittelbar dann, wenn die Angst gewichen ist. In der Helle des Blickes, den die frische Erinnerung trägt, müssen wir sagen: wovor und worum wir uns ängsteten, war 'eigentlich' - nichts. In der Tat: das Nichts selbst - als solches - war da" (a.a.O. S. 32/33).
Das Nichts enthüllt sich in der Angst, aber nicht als Seiendes. Die Angst erfasst das Nichts nicht. Durch die Angst wird aber das Nichts offenbar. Das Nichts begegnet in der Angst "in eins mit dem Seienden im Ganzen" (a.a.O. S. 33). Das Nichts bekundet sich mit und an dem Seienden als einem entgleitenden im Ganzen. Keine Vernichtung des ganzen Seienden geschieht in der Angst. Auch keine Verneinung des Seienden im Ganzen geschieht, um dem Nichts zu begegnen. Das Nichts begegnet vordem: in eins mit dem entgleitenden Seienden im Ganzen.
In der Angst liegt ein Zurückweichen vor ..., eine gebannte Ruhe. Dieses Zurück vor ... nimmt seinen Ausgang vom Nichts. Das Nichts zieht aber nicht auf sich, es ist wesenhaft abweisend. "Die Abweisung von sich ist aber als solche das entgleitenlassende Verweisen auf das versinkende Seiende im Ganzen. Diese im Ganzen abweisende Verweisung auf das entgleitende Seiende im Ganzen, als welche das Nichts in der Angst das Dasein umdrängt, ist das Wesen des Nichts: die Nichtung" (a.a.O. S. 34). Das Nichts nichtet. Das Nichten offenbart das entgleitende Seiende im Ganzen

"in seiner vollen, bislang verborgenen Befremdlichkeit als das schlechthin Andere - gegenüber dem Nichts" (ebd.).

9. Das Nichts ist die Ermöglichung der Offenbarkeit des Seienden als eines solchen für das menschliche Dasein

Erst in der hellen Nacht des Nichts ersteht für Heidegger die ursprüngliche Offenheit des Seienden als eines solchen: dass es Seiendes ist - und nicht Nichts. Das "Wesen des ursprünglich nichtenden Nichts liegt in dem: es bringt das Da-sein allererst vor das Seiende als ein solches" (WiM, S. 34).
Nur auf dem Grunde des offenbaren Nichts kann der Wesensbereich des Menschen sich auf Seiendes erstrecken, nur so kann der Mensch auf Seiendes zugehen. Sofern das Dasein zu sich und zu anderm Seienden sich verhält, kommt es aus dem offenbaren Nichts her. Da-sein bedeutet Hineingehaltenheit ins Nichts. Sich hineinhaltend ist das Dasein über das Seiende im Ganzen hinaus. Dieses Hinaussein ist Transzendenz. Würde sich das Dasein nicht ins Nichts hineinhalten, dann könnte es sich nie zu Seiendem verhalten, also auch nicht zu sich selbst. Freiheit und Selbstsein gibt es nicht ohne ursprüngliche Offenbarkeit des Nichts. Das Nichts kommt nicht für sich vor. Auch kommt es nicht neben dem Seienden vor. "Das Nichts ist die Ermöglichung der Offenbarkeit des Seienden als eines solchen für das menschliche Dasein" (a.a.O. S. 35). Das Nichts begreift sich nicht als Gegenbegriff zum Seienden. Es gehört ursprünglich zum Wesen selber. Im Wesen, im Sein des Seienden geschieht das Nichten des Nichts, d.h. das abweisende Verweisen auf das entgleitende Seiende im Ganzen.
Unausgesetzt nichtet das Nichts. Wir sind uns dessen kaum bewusst, sagt Heidegger.
Offenbart aber nicht die Verneinung das Nichts? - Zuerst muss der Ursprung der Verneinung entborgen sein. Der Ursprung des Nicht ist das Nichten des Nichts. Nicht die Verneinung zeugt das Nicht, sondern das Nicht begründet die Verneinung. Das Nicht entspricht dem Nichten des Nichts, d.h. dem abweisenden Verweisen dessen, was die Offenbarkeit von Seiendem ermöglicht.
Das Nichts ist also der Ursprung der Verneinung, nicht die Verneinung der Ursprung des Nichts. Die Verneinung, das Nein-Sagen zu Seiendem, kann nicht als das führende nichtende Verhalten angesprochen werden, worin der Mensch von der abweisenden Ermöglichung "durchschüttert bleibt. Abgründiger als die blosse Angemessenheit der denkenden Verneinung ist die Härte des Entgegenhandelns und die Schärfe des Verabscheuens. Verantwortlicher ist der Schmerz des Versagens und die Schonungslosigkeit des Verbietens. Lastender ist die Herbe des Entbehrens" (a.a.O. S. 37).

Diese Möglichkeiten des nichtenden Verhaltens verneinen nicht bloss. Sie sind aber im Nein und in der Verneinung enthalten. Ohne das Wort Nicht können sie ständig nichten. Ohne das Wort Nicht kann ihr Sein ständig Nicht und Nein "sagen". "Die Durchdrungenheit des Daseins vom nichtenden Verhalten bezeugt die ständige und freilich verdunkelte Offenbarkeit des Nichts, das ursprünglich nur die Angst enthüllt. Darin liegt aber: diese ursprüngliche Angst wird im Dasein zumeist niedergehalten. Die Angst ist da. Sie schläft nur" (a.a.O. S. 37).

Die ursprüngliche Angst kann jederzeit im Dasein aufbrechen. Sie ist immer auf dem Sprunge. Wir Sterblichen aber sind auf dem Grunde der verborgenen Angst ins Nichts gehalten. Nicht aus uns selber können wir Endliche uns vor das Nichts bringen. "So abgründig gräbt im Dasein die Verendlichung, dass sich unsere Freiheit die eigenste und tiefste Endlichkeit versagt.
Die Hineingehaltenheit des Daseins in das Nichts auf dem Grunde der verborgenen Angst ist das Uebersteigen des Seienden im Ganzen: die Transzendenz" (a.a.O. S. 38).
Heidegger sagt, die Metaphysik selber solle uns das Fragen nach dem Nichts vorführen. Dieser Name wurde gedeutet als Fragen, das μετά, trans, über das Seiende hinausgeht.
Metaphysik frägt über das Seiende hinaus, damit es das Seiende als solches und im Ganzen begrifflich zurückerhalte. Metaphysisch ist die Frage nach dem Nichts, weil in ihr ein Hinausgehen über das Seiende als Seiendes im Ganzen geschieht. Nach Heidegger umgreift jede metaphysische Frage "einmal je das Ganze der Metaphysik. In jeder metaphysischen Frage wird sodann je das fragende Dasein mit in die Frage hineingenommen" (a.a.O. S. 38).
Von altersher spricht die Metaphysik - das Hinausfragen über das Seiende als solches - über das Nichts: aus Nichts wird Nichts. Die antike Metaphysik verstand das Nichts "in der Bedeutung des Nichtseienden, d.h. des ungestalteten Stoffes, der sich selbst nicht zum gestalthaften und demgemäss ein Aussehen (εἶδος) bietenden Seienden gestalten kann. Seiend ist das sich bildende Gebilde, das als solches im Bilde (Anblick) sich darstellt" (ebd. S. 39).
In der christlichen Dogmatik wird nach Heidegger das Nichts der Gegenbegriff zum summum ens, zum ens increatum. Das geschaffene Seiende, das ens creatum, fit ex nihilo, wird aus Nichts. Nichts ist hier völlige Abwesenheit des aussergöttlichen Seienden. Aus dem Nichts wird das Geschaffene dank der Schöpfung durch das ungeschaffene höchste Seiende.
Heideggers Kritik besagt, dass die Fragen nach dem Sein und dem Nichts als solchen unterbleiben. Auch die christliche Auslegung des Nichts zeigt nach ihm die Grundauffassung des Seienden an. Es bekümmert nicht die Schwierigkeit, "dass, wenn Gott aus dem Nichts schafft, gerade es sich zum Nichts muss verhalten können. Wenn aber Gott Gott ist, kann er das Nichts nicht kennen, wenn anders das "Absolute" alle Nichtigkeit von sich ausschliesst" (a.a.O. S. 39).

Wenn aber das Nichts Problem wird, dann zeigt sich nicht allein das Gegenverhältnis des eigentlich Seienden zum Nichts, sondern dann erst erwacht "die eigentliche metaphysische Fragestellung nach dem Sein des Seienden. Das Nichts bleibt nicht das unbestimmte Gegenüber für das Seiende, sondern es enthüllt sich als zugehörig zum Sein des Seienden" (ebd.).
Sein und Nichts gehören zusammen, weil das Sein selbst im Wesen endlich ist und sich nur in der Transzendenz, in der Hineingehaltenheit des Daseins isn Nichts, offenbart. Das Ganze der Metaphysik durchgreift die Frage nach dem Nichts, sofern sie uns vor das Ursprungsproblem der Verneinung bringt. Diese Frage bringt uns im Grunde "vor die Entscheidung über die rechtmässige Herrschaft der 'Logik' in der Metaphysik" (a.a.O. S. 40). Der Satz ex nihilo nihil fit erhält dann den Sinn, dass aus dem Nichts alles Seiende als Seiendes wird; omne ens qua ens ex nihilo fit.

Im Nichts des Daseins erst kommt das Seiende im Ganzen in seine letzte Möglichkeit, zu sich selber.
Heidegger kennzeichnet unser fragendes Dasein als wesentlich durch die Wissenschaft bestimmt. Das wissenschaftliche Dasein verhält sich ausgezeichnet zum Seienden und nur zu ihm. Das Nichts möchte die Wissenschaft preisgeben. Im Fragen nach dem Nichts offenbart sich indes, dass dieses wissenschaftliche Dasein "nur möglich ist, wenn es sich im vornhinein in das Nichts hineinhält. Es versteht sich erst dann in dem, was es ist, wenn es das Nichts nicht preisgibt" (a.a.O. S. 40). Nur beim offenbaren Nichts kann das Seiende selber Gegenstand der wissenschaftlichen Untersuchung werden und sein. Nur eine aus der Metaphysik existierende Wissenschaft vermag den ganzen Raum der Wahrheit von Natur und Geschichte zu erschliessen. Nur weil das Nichts im Grunde des Daseins offenbar ist, kann uns das Seiende voll befremden. Nur wenn uns diese Befremdlichkeit des Seienden bedrängt, verwundern wir uns über es. Nur aufgrund der Verwunderung, aufgrund des offenbaren Nichts fragen wir: Warum? Nur wegen des möglichen Warum können wir begründen. "Nur weil wir fragen und begründen können, ist unserer Existenz das Schicksal des Forschers in die Hand gegeben. Die Frage nach dem Nichts stellt uns - die Fragenden - selbst in Frage. Sie ist eine metaphysische" (a.a.O. S. 41).

Das menschliche Dasein muss sich ins Nichts hineinhalten, um sich zu Seiendem verhalten zu können. Dieses Verhalten, das Uebersteigen des Seienden, geschieht im Wesen des Daseins. Im Wesen des menschlichen Wesensbereiches geschieht das Hinausgehen über das Seiende. Dieses Hinausgehen ist die Metaphysik selber. "Darin liegt: Die Metaphysik gehört zur 'Natur des Menschen'. Sie ist weder ein Fach der Schulphilosophie, noch ein Feld willkürlicher Einfälle. Die Metaphysik ist das Grundgeschehen im Dasein. Sie ist das Dasein selbst" (WiM?, S. 41).

10. Das Dasein ist in seinem 'Wesen' Existenz

Es ist das Auszeichnende des Daseins, dass es seinsverstehend zu Seiendem sich verhält. Als Seiendes inmitten von Seiendem befindlich, zu Seiendem sich verhaltend, existiert es. Es existiert so, dass das Seiende immer im Ganzen offenbar ist. Das Verstehen dieser Ganzheit ist Uebersteig zur Welt. Uebersteig ist Transzendenz. Das Transzendierende vollzieht den Uebersteig, verweilt im Uebersteigen. Die Transzendenz meint solches, was dem menschlichen Dasein eignet. Sie bezeichnet "das Wesen des Subjektes, ist Grundstruktur der Subjektivität ... Subjekt-sein heisst: in und als Transzendenz Seiendes sein" (Vom Wesen des Grundes, S. 19).
Die Transzendenz oder das Uebersteigen des Seienden im Ganzen konstituiert die Selbstheit. Erst im Uebersteig kann sich innerhalb des Seienden unterscheiden und entscheiden, wer und wie ein Selbst ist. Nur als Selbst kann sich das Dasein zu Seiendem verhalten, zu Seiendem, das zuvor überstiegen sein muss. Schon immer hat das Dasein als existierendes die Natur überstiegen. Mit der Tatsächlichkeit des Daseins ist der Uebersteig da.
Das, woraufhin das Dasein übersteigt, transzendiert, nennt Heidegger die Welt. Hiebei bestimmt er Transzendenz als In-der-Welt-sein. Transzendenz als In-der-Welt-sein kommt dem menschlichen Dasein zu. Das Dasein kann nur existieren, weil seine

Wesensverfassung, seine Grundverfassung im In-der-Welt-sein liegt. "Zur Transzendenz gehört die Welt als das, woraufhin der Ueberstieg geschieht" (a.a.O. S. 22).

Die Welt erweist sich als das, worumwillen Dasein existiert. Welt ist wesenhaft daseinsbezogen. Dem Dasein aber geht es je um es selber, um sein Sein.
Das Was-sein dieses Seienden muss aus seiner existentia - Heidegger versteht hier unter existentia Sein - begriffen werden; "existentia besagt ontologisch soviel wie Vorhandensein, eine Seinsart, die dem Seienden vom Charakter des Daseins wesensmässig nicht zukommt. Eine Verwirrung wird dadurch vermieden, dass wir für den Titel existentia immer den interpretierenden Ausdruck Vorhandenheit gebrauchen und Existenz als Seinsbestimmung allein dem Dasein zuweisen.
Das 'Wesen' des Daseins liegt in seiner Existenz" (SuZ, S. 42).
Zum existierenden Dasein gehört die Jemeinigkeit. Das Ansprechen von Dasein muss immer das persönliche Fürwort mitsagen: 'ich bin', 'du bist'; ich bin in der Weise der Existenz, du bist i.d. Weise d. Existenz. Existenzialien nennt Heidegger die Seinscharaktere des Daseins. Präzis trennt er sie von den Seinsbestimmungen des nicht daseinsmässigen Seienden, welch letztere er Kategorien heisst. "Existenzialien und Kategorien sind die beiden Grundmöglichkeiten von Seinscharakteren. Das ihnen entsprechende Seiende fordert je eine verschiedene Weise des primären Befragens: Seiendes ist ein Wer (Existenz) oder ein Was (Vorhandenheit im weitesten Sinne)" (SuZ, S. 45).

11. Das Dasein ist seine Erschlossenheit

Das wesenhaft durch das In-der-Welt-sein konstituierte Seiende ist selber je sein 'Da'. Als Sein des 'Da' hat es Räumlichkeit erschlossen. Diese Räumlichkeit bestimmt dem Dasein seinen Ort. In einem "Da" sind 'Hier' und 'Dort' möglich. Das 'Da' meint die Erschlossenheit, durch die dieses Dasein je in eins mit dem Da-sein von Welt für es selber 'da' ist.
Das Dasein ist in der Weise, sein Da zu sein. Es bringt sein Da von Hause aus mit. Ohne das Da ist es nicht nur faktisch nicht, "sondern überhaupt nicht das Seiende dieses Wesens. Das Dasein ist seine Erschlossenheit" (SuZ, S. 133).
Die Erschlossenheit ist die primäre Konstitution des Seins des Daseins. Sekundär konstitutiv ist die Seinsart, in der dieses Seiende im Alltag sein Da ist. Die beiden gleichursprünglichen konstitutiven Weisen, das Da zu sein, sind nach Heidegger Befindlichkeit und Verstehen. Gleichursprünglich bestimmt sind Befindlichkeit und Verstehen durch die Rede.
Befindlichkeit ist ontisch, d.h. durch Existenz bestimmt, die Stimmung, das Gestimmtsein. Dieses Phänomen ist fundamentales Existenzial oder ein grundlegender Seinscharakter des Daseins.
In der Gestimmtheit ist das Dasein als das Seiende erschlossen, "dem das Dasein in seinem Sein überantwortet wurde als dem Sein, das es existierend zu sein hat" (a.a.O. S. 134). Erschlossen heisst nicht, als solches erkannt. In der Alltäglichkeit kann das Sein des Daseins aufbrechen als das, dass es ist und zu sein hat. Das blosse 'dass es ist' zeigt sich, das Woher und das Wohin zeigen sich nicht. Auch dem Erschliessen alltäglicher Stimmungen geht das Dasein nicht nach. Ontisch-

existenziell weicht das Dasein meistens dem in der Stimmung erschlossenen Sein aus. Das bedeutet "ontologisch-existenzial: in dem, woran solche Stimmung sich nicht kehrt, ist das Dasein in seinem Ueberantwortetsein an das Da enthüllt. Im Ausweichen selbst ist das Da erschlossenes" (a.a.O. S. 135).

Diesen erschlossenen Seinscharakter des Daseins, dieses "Dass es ist", nennt Heidegger die Geworfenheit dieses Seienden in sein Da, und zwar so, dass es "als In-der-Welt-sein das Da ist" (ebd.).

Geworfenheit soll die Faktizität, das Tatsächlichsein der Ueberantwortung andeuten. Das in der Befindlichkeit erschlossene 'Dass es ist und zu sein hat' muss als existenziale, d.h. als daseinscharakterisierende Bestimmtheit des Seienden begriffen werden, welches als In-der-Welt-sein da ist. Faktizität ist "ein in die Existenz aufgenommener, wenngleich zunächst abgedrängter Seinscharakter des Daseins" (a.a.O. S. 135).

Seiendes vom Charakter des Daseins befindet sich in seiner Geworfenheit. Immer schon ist das Dasein in der Befindlichkeit vor es selber gebracht, immer schon hat es sich gefunden, nicht sich wahrnehmend, sondern als "gestimmtes Sichbefinden" (ebd.).

Die Stimmung erschliesst als An- und Abkehr, nicht im Hinblick auf die Geworfenheit. Zumeist kehrt sich die Stimmung nicht an die offenbare Last des Daseins. Die gehobene Stimmung kann ja der offenbaren Last des Seins entheben. Die Stimmung macht mir je offenbar, wie mir ist und wird. Die gehobene Stimmung als Abkehr vom lastenden Daseinscharakter ist stets in der Weise der Befindlichkeit. "Die Befindlichkeit erschliesst das Dasein in seiner Geworfenheit und zunächst und zumeist in der Weise der ausweichenden Abkehr" (a.a.O. S. 136). In der Befindlichkeit ist das Da schon erschlossen.

Ihm selbst gegenüber verschlossen wird das Dasein in der Ver-Stimmung. Die Umwelt verschleiert sich, die Umsicht wird missleitet. Die Befindlichkeit überfällt jetzt das menschliche Dasein "im reflexionslosen Hin- und Ausgegebensein an die besorgte 'Welt' "(ebd.). Die überfallende Stimmung steigt als Weise des In-der-Welt-seins aus diesem selber auf. Damit zeigt sich, dass die Stimmung je schon das In-der-Welt-sein als Ganzes erschlossen hat und ein Sichrichten auf etwas erst möglich macht. Das Gestimmtsein oder die Befindlichkeit ist eine "existenziale Grundart der gleichursprünglichen Erschlossenheit von Welt, Mitdasein und Existenz, weil diese selbst wesenhaft In-der-Welt-sein ist" (a.a.O. S. 137).

In der Befindlichkeit west Angewiesenheit auf Welt. Aus dieser Welt her kann Angehendes begegnen. Die bereits erschlossene Welt des Seienden, das In-der-Welt-sein ist, lässt Innerweltliches begegnen. Dieses Begegnenlassen ist umsichtiges. Umsichtig besorgend begegnet es. Das In-Sein ist so bestimmt, dass es "von innerweltlich Begegnendem angegangen werden kann" (a.a.O. S. 137). Die Angänglichkeit gründet in der Befindlichkeit. Die Befindlichkeit konstituiert die Weltoffenheit des Daseins. Die Befindlichkeit ist selbst die existenziale Seinsart, in der sich das Dasein "ständig an die 'Welt' ausliefert, sich von ihr angehen lässt derart, dass es ihm selbst in gewisser Weise ausweicht" (a.a.O. S. 139).

Als Seinsart des Daseins hat die Befindlichkeit zum Beispiel die Welt auf Bedrohbarkeit hin erschlossen. Was in der Befindlichkeit des Fürchtens oder aber der Furchtlosigkeit ist, kann umweltlich Bedrohliches entdecken. Das Abträgliche als

Nahendes trägt die Möglichkeit des Ausbleibens und Vorbeigehens. Dadurch wird das Fürchten ausgebildet, denn als Herannahendes ist das Abträgliche drohend. Es kann treffen oder nicht. Es steigert sich die Furcht; es ist furchtbar. Das Fürchten ist das "sich-angehen-lassende Freigeben" des Bedrohlichen.
In der Befindlichkeit der Furcht sieht die Umsicht das Furchtbare. Das Fürchten hat die Welt daraufhin erschlossen, "dass aus ihr so etwas wie Furchtbares nahen kann. Das Nahenkönnen selbst ist freigegeben durch die wesenhafte existenziale Räumlichkeit des In-der-Welt-seins" (a.a.O. S. 141).
Das Dasein fürchtet sich um es selbst. Die Furcht enthüllt das Dasein im Sein seines Da.
Das Fürchten um Haus und Hof zeigt, dass das Dasein meist aus dem her ist, was es besorgt. Als Sein bei ... ist dem Dasein die Bedrohung seines Hauses die Bedrohung des Seins bei.
Das Fürchten kann auch andere betreffen. Dieses Fürchten für ... ist eine Weise der Mitbefindlichkeit mit andern. Befürchtet wird z.B., dass andere entrissen werden könnten. Genau besehen ist dieses Fürchten ein Sich-fürchten. Jede Furcht als Möglichkeit des Sich-befindens zeigt die Furchtsamkeit des Daseins als jemeinigen In-der-Welt-seins. Diese Furchtsamkeit ist "existenziale Möglichkeit der wesenhaften Befindlichkeit des Daseins überhaupt" (a.a.O. S. 142).

Nicht nur in der existenzialen Struktur Befindlichkeit hält sich das Sein des 'Da'. Gleichursprünglich konstituiert das Verstehen dieses Sein. Befindlichkeit hat je ihr Verständnis, und Verstehen ist immer gestimmtes. Verstehen als ebenfalls fundamentales Existenzial begreift sich als Grundmodus des Seins des Daseins. Verstehen aber im Sinne einer möglichen Erkenntnisart, etwa im Unterschied zum Erklären, lässt sich als Ableitung des konstituierenden Verstehens interpretieren.

Wesenhaft kommt dem Dasein mit seinem Seinsverständnis die Seinsart des In-der-Welt-seins zu. Wesenhaft gehört zu diesem Seinsverständnis das Verstehen eben des In-der-Welt-seins. "Das vorgängige Erschliessen dessen, woraufhin die Freigabe des innerweltlichen Begegnenden erfolgt, ist nichts anderes als das Verstehen von Welt, zu der sich das Dasein als Seiendes schon immer verhält" (SuZ, S. 86).

"Welt ist 'da'; deren Da-sein ist das In-sein" (SuZ, S. 143). Dieses In-sein ist anwesend, ist 'da' als das, worumwillen das Dasein ist. Im Worumwillen ist das existierende In-der-Welt-sein als solches erschlossen. Diese Erschlossenheit ist Verstehen. "Das im Verstehen als Existenzial Gekonnte ist kein Was, sondern das Sein als Existieren. Im Verstehen liegt existenzial die Seinsart des Daseins als Seinkönnen" (SuZ, S. 143). Dasein ist primär Möglichsein.
Das Möglichsein des Daseins ist unterschieden von der logischen Möglichkeit wie von der Bedingtheit eines Dinges, mit dem das und jenes geschehen kann. Als modale Kategorie, d.h. als Artbestimmtheit von nicht daseinsmässig Seiendem besagt Möglichkeit "das noch nicht Wirkliche und das nicht jemals Notwendige. Sie charakterisiert das nur Mögliche" (a.a.O. S. 143).
Die Möglichkeit als Existenzial aber "ist die ursprünglichste und letzte positive Bestimmtheit des Daseins" (a.a.O. S. 143/44). Das Verstehen als erschliessendes Seinkönnen bietet die in Erscheinung tretende Möglichkeit, sie überhaupt zu sehen.

Das Dasein als Seinkönnen, das es ist , ergreift ständig die Möglichkeiten seines Seins -- und vergreift sich. Das will heissen: das Dasein ist ihm selber "durch und durch geworfene Möglichkeit. Das Dasein ist die Möglichkeit des Freiseins für das eigenste Seinkönnen" (S. 144).
Verstehen ist Sein von Seinkönnen. Verstanden oder nicht verstanden, so oder so zu sein, hat je das Dasein. Als solches Verstehen versteht es, woran es mit sich selber und d.h. mit seinem Seinkönnen ist. Dieses Verstehen, dieses "Wissen" gehört zum Sein des Da. "Und nur weil Dasein verstehend sein Da ist, kann es sich verlaufen und verkennen" (a.a.O. S. 144). Und als befindliches und der Geworfenheit ausgeliefertes Verstehen hat sich das Dasein je schon verlaufen und verkannt. Als Seinkönnen findet es sich möglicherweise in seinen Möglichkeiten wieder.
Das existenziale Sein des Seinkönnens ist Verstehen. Dieses Sein erschliesst an ihm selber "das Woran des mit ihm selbst Seins" (ebd.). Es betrifft das verstehende Erschliessen stets die ganze Grundverfassung des In-der-Welt-seins. Je Seinkönnen-in-der-Welt ist das In-Sein, das sein kann. Die Freigabe des Innerweltlichen gibt dieses Seiende auf seine Möglichkeiten frei. Ein besonderer Charakter des Verstehens konstituiert das In-der-Welt-sein inbezug auf die Erschlossenheit seines Da. Es ist die existenziale Verstehensstruktur Entwurf. Als Entwurf entwirft das Verstehen das Sein des Daseins auf sein Worumwillen. "Der Entwurf ist die existenziale Seinsverfassung des Spielraums des faktischen Seinkönnens. Und als geworfenes ist das Dasein in die Seinsart des Entwerfens geworfen" (a.a.O. S. 145). Im Werfen wirft sich das Verstehen die Möglichkeit als solche vor und lässt sie als solche sein.
Der Entwurf betrifft immer die volle Erschlossenheit des In-der-Welt-seins. Das Verstehen kann sich in die Erschlossenheit der Welt legen, d.h. das Dasein kann sich aus der Welt her, aus seiner Welt her verstehen. Das Verstehen wirft sich in das Worumwillen, d.h. das Dasein existiert als es selber.
Die Erschlossenheit des Da im Verstehen ist eine Seinkönnensweise. "In der Entworfenheit seines Seins auf das Worumwillen in eins mit der auf die Bedeutsamkeit (Welt) liegt Erschlossenheit von Sein überhaupt" (SuZ, S. 147). Auf ein Ganzes von Bedeutsamkeit hin, auf Welt hin ist das innerweltliche Seiende entworfen. Wenn solch innerweltlich Seiendes mit dem Sein des Daseins entdeckt worden ist, dann ist es zu Verständnis gekommen, dann hat es Sinn. Sinn ist das Woraufhin des Entwurfs, aus dem her etwas als etwas verständlich wird. Sinn ist "das Gerüst der dem Verstehen zugehörigen Erschlossenheit" (a.a.O. S. 151).

II. KAPITEL. DURCH DIE SPRACHE IST DAS MENSCHENWESEN IN SEIN EIGENES GEBRACHT

1. Ursprüngliches Existenzial der Erschlossenheit ist die Rede

Jede Auslegung gründet im Verstehen. Als abgeleitete Vollzugsform der Auslegung gründet die Aussage im Verstehen. Aussage bedeutet Aufzeigung, Prädikation, Mitteilung, Heraussage.
Die Aufzeigung meint das Seiende selber und nicht eine blosse Vorstellung seiner. In der Aussage: "Der Hammer ist zu schwer" ist das Entdeckte das Seiende Hammer in der Weise seiner Zuhandenheit. Die Prädikation ist Aussagendes; im genannten Satze im Sinne des "Zu schwer". Das Subjekt Hammer wird durch das Prädikat bestimmt. Das Bestimmen entdeckt nicht erst, sondern schränkt das Sehen ein auf das Sichzeigende.
Mitteilung, Heraussage ist Mitsehenlassen des Aufgezeigten. Und zwar in der Weise des Bestimmens. Zur Mitteilung gehört die Ausgesprochenheit. Das Mitgeteilte kann 'geteilt' werden, ohne dass Zuhörende "selbst das aufgezeigte und bestimmte Seiende in greif- und sichtbarer Nähe haben. Das Ausgesagte kann 'weiter-gesagt' werden" (a.a.O. S. 155). Heidegger definiert: Aussage ist mitteilend bestimmende Aufzeigung (S. 156).

Zur Aussage gehört eine bedeutungsmässige Artikulation des Aufgezeigten. Die Aussage bewegt sich in bestimmter Begrifflichkeit. So gilt im Beispielsatz vom zu schweren Hammer: Die Schwere kommt dem Hammer zu, der Hammer hat die Eigenschaft der Schwere. Der mitliegende Vorgriff bleibt im Aussagen meist unauffällig, denn die Sprache birgt je schon eine ausgebildete Begrifflichkeit in sich.
Vor aller Analyse hat im Hintergrund der Sprache die Logik immer schon 'logisch' verstanden, was z.B. der Ausdruck sagt: Der Hammer ist zu schwer.
Heidegger will damit deutlich machen, dass 'Logik' in der existenzialen Analytik des Daseins verwurzelt ist.
Konstitutiv für das Sein des Da sind Befindlichkeit und Verstehen. Im Verstehen verbirgt sich die Möglichkeit der Auslegung. Auslegung ist Zueignung des Verstandenen. Die Zueignung des Verstandenen gebraucht die Aussage. Aussage als Mitteilung oder Heraussage führt in den Begriff des Sagens und Sprechens. Sagen und Sprechen wurzeln in der existenzialen Verfassung der Erschlossenheit des Daseins. Sagen und Sprechen werden in jenem Bereich verständlich, aus dem der Zusammenhang der Strukturen analysiert wird, die Existenz konstituieren.
"Das existenzial-ontologische Fundament der Sprache ist die Rede" (SuZ, S. 160). Existenzial gleichursprünglich mit Befindlichkeit und Verstehen ist die Rede. Rede ist Artikulation von Verständlichkeit. Sie liegt der Auslegung und der Aussage zugrunde. Verständlichkeit des menschlichen Daseins, des In-der-Welt-seins spricht sich als Rede aus. Die in der Rede, d.h. in der Artikulation von Verständlichkeit wesende Deutlichkeit, das Bedeutungsganze, kommt durch sie zu Wort. "Den Bedeutungen wachsen Worte zu" (a.a.O. S. 161).
Heidegger nennt die Hinausgesprochenheit der Rede Sprache. Existenzial ist die Rede Sprache, denn das erschlossene Seiende, welches sie bedeutungsmässig arti-

kuliert, ist auf die 'Welt' angewiesenes, geworfenes In-der-Welt-sein. Redend spricht sich Dasein aus, weil es als In-der-Welt-sein verstehend schon 'draussen' ist. Ausgesprochenes ist Draussensein. Dies bedeutet die Befindlichkeits-oder Stimmungsweise, welche die Erschlossenheit des In-Seins betrifft.
Als redendes In-Sein hat sich das Dasein schon ausgesprochen, denn Rede ist für Befindlichkeit und Verstehen, welche das Sein des Da ausmachen und damit als In-der-Welt-sein anwesen, konstitutiv. Es gehört zum Menschen, dass er redet. Das Seiende Mensch "ist in der Weise des Entdeckens der Welt und des Daseins selbst" (a.a.O. S. 165).

2. Die Hinausgesprochenheit der Rede ist die Sprache

Heidegger sagt, die Griechen hätten das Phänomen Sprache 'zunächst' als Rede verstanden. Was Heidegger von den Griechen hält, zeigt sich etwa in seiner Arbeit "Hegel und die Griechen", worin er erwähnt, die Philosophie der Griechen offenbare sich nicht nur dem spekulativen Denken Hegels in einem 'Noch nicht', sondern auch unserm Denken, und zwar in einem 'Noch nicht', "dem wir nicht genügen und kein Genüge tun" (Wegmarken, S. 272).
Die Rede konstituiert die Erschlossenheit des In-der-Welt-seins mit. Rede ist Gliederung der befindlichen Verständlichkeit des In-Seins in der Welt.
Konstitutiv gehören zur Rede: das Beredete (das Worüber), das Geredete als solches, die Mitteilung und die Bekundung. Das sind keine Eigenschaften, sondern existenziale Charaktere, "die so etwas wie Sprache erst ermöglichen" (SuZ, S. 163).
Das in der Rede, in der redenden Artikulation Gegliederte ist für Heidegger das Bedeutungsganze. Dieses lässt sich in Bedeutungen auflösen. Bedeutungen sind sinnhaft. Sinn geben kann der Mensch. Redend artikuliert er. Hinaussprechend deutet er. Sinngebend macht er in der Sprache verständlich.
"Wir sprechen stets; auch dann, wenn wir kein Wort verlauten lassen, sondern nur zuhören oder lesen, sogar dann, wenn wir weder eigens zuhören noch lesen, stattdessen einer Arbeit nachgehen oder in der Musse aufgehen. Wir sprechen ständig in irgendeiner Weise. Wir sprechen, weil Sprechen uns natürlich ist. Es entspringt nicht erst aus einem besonderen Wollen" (Unterwegs zur Sprache, S. 11).
Ueberall west Sprache. Ueberall, wo Menschen wesen. Der Mensch gilt im Unterschied zu Pflanze und Tier als das sprachfähige Wesen. Erst diese Sprache befähigt nach Heidegger, das Lebewesen Mensch zu sein.
Wie west die Sprache als Sprache? ist Heideggers Frage. Die Sprache ist ihm die Sprache und nichts ausserdem. Er gesteht die Tautologie des logisch geschulten Denkens und fährt fort: "Zweimal nur das Gleiche sagen: Sprache ist Sprache, wie soll uns dies weiterbringen? Wir wollen jedoch nicht weiterkommen. Wir möchten nur erst einmal eigens dorthin gelangen, wo wir uns schon aufhalten" (a.a.O. S. 12).

Die Antwort auf die Frage nach dem verbalen Wesen der Sprache ist: Die Sprache spricht. Das ist ernsthafte Antwort, wenn ans Licht kommt, was sprechen heisst.

Das Sprechen überlassen wir der Sprache. "Die Sprache ist: Sprache. Die Sprache spricht. Wenn wir uns in den Abgrund, den dieser Satz nennt, fallen lassen, stürzen

wir nicht ins Leere weg. Wir fallen in die Höhe. Deren Hoheit öffnet eine Tiefe.
Beide durchmessen eine Ortschaft, in der wir heimisch werden möchten, um den
Aufenthalt für das Wesen des Menschen zu finden" (a.a.O. S. 13). Der Sprache
nachdenkend, gelangt der Mensch in das Sprechen der Sprache. So ereignet sich
ihm dieses Sprechen der Sprache als das, "was dem Wesen der Sterblichen den
Aufenthalt gewährt" (a.a.O. S.14).
Unterwegs zur Sprache sucht Heidegger den Menschen. Im Erörtern der Sprache,
im Sprechen über die Sprache, das nach Heidegger schlimmer ist als das Schweigen über das Schweigen, will er uns an den Ort ihres Wesens bringen: er will uns
Sterbliche im Ereignis versammeln.
Was ist Sprechen? Zum ersten ist es ein Ausdrücken. Zum andern gilt es als Tätigkeit des Menschen. Der Mensch spricht eine Sprache.
In diesem Sinne gilt nicht, dass die Sprache spricht. Dies würde ja heissen, erst
die Sprache erwirke und ergeben den Menschen.
Sprechen ist immer auch ein Vorstellen und Darstellen des Wirklichen und Unwirklichen.
Diese Kennzeichen reichen aber nicht aus zur Umgrenzung des Sprachwesens. Es
gibt sogar Menschen, welche betonen, das Wort der Sprache sei göttlichen Ursprungs. So war gemäss dem beginnenden Prolog des Johannes-Evangeliums "das
Wort im Anfang bei Gott:
..." (Joh I, 1/Nestle-Aland: Novum Testamentum Graece et Latine, pag. 230).

Den Bild- und Symbolcharakter der Sprache, entgegen der Wortbedeutungscharakteristik, wollen Biologie und Anthropologie, Soziologie und Psycho-Pathologie in den
Vordergrund rücken.
Solches Betrachten der Sprache ist richtig. Es richtet sich nach dem, was ein Untersuchen sprachlicher Erscheinungen an diesen immer ausmachen kann.
In alte Ueberlieferung reichen diese Vorstellungen zurück. Seit zweieinhalb Jahrtausenden ist nach Heidegger die grammatisch-logische, die sprachphilosophische
und die sprachwissenschaftliche Vorstellung von der Sprache dieselbe geblieben.
Die älteste Wesensbetrachtung sollte indes die sein, welche die älteste Wesensprägung der Sprache beachtet. Ohne die Beachtung dieser Prägung kommt auch die
wissenschaftliche Betrachtungsweise nie zur Sprache als Sprache.
Die Sprache als Sprache spricht. Sie spricht im Gesprochenen. Im Gesprochenen
versammelt das Sprechen sein Wesen. "Im Gesprochenen hört das Sprechen nicht
auf. Im Gesprochenen bleibt das Sprechen geborgen" (Sprache, S. 16).

3. Die Sprache ist Dichtung im wesentlichen Sinne

Wir suchen das Währen des Gesprochenen, wir suchen ein rein Gesprochenes. Im
rein Gesprochenen ist die Vollendung des Sprechens. Rein Gesprochenes ist das
Gedicht. Mit Heidegger hören wir ein Gedicht Georg Trakls, "das eher als andere,
bei den ersten Schritten uns helfen kann" (ebd.). Dank ihm erfahren wir, "was uns
schon als das Wesende der Sprache zugedacht ist, falls wir dem Sprechen der Sprache nachdenken" (ebd.).
Das Gedicht heisst:

Ein Winterabend

Wenn der Schnee ans Fenster fällt,
Lang die Abendglocke läutet,
Vielen ist der Tisch bereitet
Und das Haus ist wohlbestellt.

Mancher auf der Wanderschaft
Kommt ans Tor auf dunklen Pfaden.
Golden blüht der Baum der Gnaden
Aus der Erde kühlem Saft.

Wanderer tritt still herein;
Schmerz versteinerte die Schwelle.
Da erglänzt in reiner Helle
Auf dem Tische Brot und Wein. (Sprache, S. 17).

Der Gedichtinhalt ist verständlich. Der Bereich, aus dem her dieses Gedicht verständlich ist, liegt in unserm Horizont. Für sich genommen, ist kein unbekanntes oder unklares Wort darin. Die Schönheit der gebrauchten Bilder "erhöht den Reiz des Gedichtes und bekräftigt die ästhetische Vollendung des Kunstgebildes" (Sprache, S. 18). Man hört hier ein anderes Wort Heideggers mit: "Das Wesen der Kunst ist die Dichtung" (Der Ursprung des Kunstwerkes; Holzwege, S. 62).

Trakls Gedicht beschreibt einen Winterabend. Die erste Strophe schildert Schneefall und Läuten der Abendglocken. Von draussen rührt es an das Drinnen der menschlichen Wohnstatt. In jedes Haus läutet die Glocke. Drinnen ist Ordnung. Der Tisch ist bereitet.
Die zweite Strophe spricht einen Gegensatz aus. Gegenüber den vielen im Hause Heimischen wandern manche unheimisch im Dunkeln. Die Möglichkeit des bergenden Hauses ist gedichtet im Baum der Gnaden.
Die dritte Strophe öffnet das bergende Haus und lädt den Wanderer zum Heimischsein ein. Die alltäglichen Mahlzeiten sind nun gewandelte Gaben auf dem Altar im Hause des Gottes.
Diese und noch deutlichere Zergliederung und Umgrenzung des Inhalts lässt uns nach Heidegger in der "Vorstellung von der Sprache gebannt, die seit Jahrtausenden herrscht. Darnach ist die Sprache der vom Menschen vollzogene Ausdruck innerer Gemütsbewegungen und der sie leitenden Weltansicht. Lässt sich der Bann dieser Vorstellung über die Sprache brechen? Weshalb soll er gebrochen werden? Die Sprache ist in ihrem Wesen weder Ausdruck noch eine Betätigung des Menschen. Die Sprache spricht" (Sprache, S. 19).
Heidegger will das Sprechen über die Sprache der Sprache überlassen. Hier sucht er es im Gedicht. Im Dichterischen des Gesprochenen liegt das Gesuchte.
Jedermann weiss, dass ein Gedicht Dichtung ist. Das Gedicht dichtet auch im scheinbaren Beschreiben. Dichtend bildet der Dichter sich etwas vor. Gedichtet bildet uns das Gedicht etwas Vorgebildetes ein. Im Sprechen des Gedichtes spricht sich die Kraft der dichterischen Einbildung aus. Das Gesprochene des Gedichtes ist das vom Dichter Herausgesprochene. Aus ihm heraus hat der Dichter gesprochen. Das Ausgesprochene spricht seinen Gehalt aus.
Das ausgesprochene Trakl-Gedicht winkt in die Richtung, dass Sprache spricht.
Aber der Mensch spricht doch je seine Sprache.
Heidegger will keineswegs leugnen, dass der Mensch das sprechende Wesen sei. Er

frägt indes: Inwiefern spricht der Mensch? Was ist Sprechen?

>   Wenn der Schnee ans Fenster fällt,
>   Lang die Abendglocke läutet,

so kommt das Sprechen des Gedichtes erstlich auf uns zu. Das Sprechen nennt die Winterabendzeit. Das Nennen ruft. Es ruft ins Wort. Das Rufen bringt das Gerufene näher. Es bringt das Anwesen des vordem Ungerufenen in Nähe. Schneefall und Läuten der Abendglocke sind im Gedicht zu uns gesprochen. Sie wesen im Ruf an. Gerufen wesen sie an, nicht vorliegend wie dieses und jenes Ding um uns herum.

>   Vielen ist der Tisch bereitet
>   Und das Haus ist wohlbestellt.

Diese Verse bringen den bereiteten Tisch und das wohlbestellte Haus in das Anwesen des Gerufenen. Tisch und Haus im besungenen Sinne bleiben zwar in der Ferne, aber sie wesen im Anwesen des aus dem Abwesen Hergerufenen. Der nennende Ruf heisst in die Ankunft kommen. "Sprache ist lichtend-verbergende Ankunft des Seins selbst" (Ueber den Humanismus, S. 16).
Der Ruf lädt die Dinge ein. Als Dinge gehen sie den Menschen an. Der Schneefall bringt die Menschen unter den verdämmerten Himmel. Die läutende Abendglocke bringt sie als die Sterblichen vor das Göttliche. Haus und Tisch verbinden uns Sterbliche mit der Erde. Schneefall, Abendglocke, Haus und Tisch versammeln Himmel und Erde, Sterbliches und Göttliches. Diese Vier gehören ursprünglich-einig zueinander. "Die Dinge lassen das Geviert der Vier bei sich verweilen. Dieses versammelnde Verweilenlassen ist das Dingen der Dinge. Wir nennen das im Dingen der Dinge verweilte einige Geviert von Himmel und Erde, Sterblichen und Göttlichen: die Welt" (Sprache, S. 22).
Die im Nennen in ihr Dingen gerufenen Dinge ent-falten dingend Welt. In dieser Welt weilen die Dinge und so je die weiligen. Dingend tragen sie Welt aus: bern, bären, gebären, gebärden. Dingend gebärden die Dinge Welt. Mit Welt besuchen die Dinge eigens die Sterblichen. "Die Dinge be-dingen die Sterblichen" (ebd.).
Die erste Strophe spricht im Kommenheissen der Dinge.
Die zweite Strophe heisst auch kommen. Aber sie ruft und nennt die Sterblichen; zwar nicht alle, nur manche. Sie ruft und nennt die auf dunklen Pfaden Wandernden:

>   Mancher auf der Wanderschaft
>   Kommt ans Tor auf dunklen Pfaden.

"Diese Sterblichen vermögen das Sterben als die Wanderschaft zum Tode. Im Tod versammelt sich die höchste Verborgenheit des Seins" (Sprache, S. 23). Die im Dunklen Wandernden müssen Haus und Tisch durch das Dunkel ihrer Pfade erwandern. Ihr Sein als Wanderschaft zum Tode, worin sie das Sterben vermögen, ist Sorge um häusliches Wohnen.

> Golden blüht der Baum der Gnaden
> Aus der Erde kühlem Saft.

Gerufen und genannt ist auf einmal das Blühen des Baumes. Des Baumes der Gnaden. "Sein gediegenes Blühen birgt die unverdient zufallende Frucht: das rettend Heilige, das den Sterblichen hold ist. Im golden blühenden Baum walten Erde und Himmel, die Göttlichen und die Sterblichen" (Sprache, S. 23). Der Goldglanz birgt alles Anwesende in das Unverborgene seines Erscheinens. Wie das Rufen, das die Dinge nennt und hin-und her-ruft, so ruft das Sagen, das die Welt nennt, hin und her. Es traut das Sagen den Dingen Welt zu und birgt die Dinge in den Glanz von Welt. Welt gönnt den Dingen, die Welt gebären, der Dinge Wesen.
Welt und Dinge durchgehen einander, sie bestehen nicht nebeneinander. Die Innigkeit von Ding und Welt ist keine Verschmelzung. Welt und Ding durchmessen eine Mitte. Dort sind sie einig und als Einige innig. "Innigkeit waltet nur, wo das Innige, Welt und Ding, rein sich scheidet und geschieden bleibt. In der Mitte der Zwei, im Zwischen von Welt und Ding, in ihrem inter, in diesem Unter- waltet der Schied" (Spr. S. 24).
Das Wort Unter-Schied wird jetzt dem gewohnten Gebrauch entzogen. Er hält von sich her die Mitte auseinander, auf die hin durch die Welt und Dinge zueinander einig sind. "Die Innigkeit des Unter-Schiedes ist das Einigende der $\Delta\iota\alpha\varphi o\rho\acute{\alpha}$, des durchtragenden Austrags" (Sprache, S. 25). Als die Mitte ermittelt der Unter-Schied Welt und Dinge zu ihrem Wesen, d.h. in ihr Zueinander.
Unter-Schied meint nicht mehr Distinktion. "Der Unter-Schied für Welt und Ding ereignet Dinge in das Gebären von Welt, ereignet Welt in das Gönnen von Dingen" (Sprache, S. 25).
Der Unter-Schied ist weder Distinktion noch Relation, sondern die Dimension, so er Welt und Ding in ihr Eigenes er-misst. Sein Er-messen eröffnet das Aus- und Zu-einander von Welt und Ding.
Die Mitte von Welt und Ding heisst die dritte Strophe kommen:

> Wanderer tritt still herein;
> Schmerz versteinert die Schwelle.

Stille verwaltet das Tor. Jäh und befremdlich ist der Ruf vom Schmerz. Dingende Dinge wurden gerufen. Weltende Dinge wurden gerufen. Währendes also wurde genannt. - Und nun, Schmerz "versteinerte". Das einzige Vergangenheitswort des Gedichtes nennt und ruft. Doch nennt und ruft es nicht Vergangenes. Es ruft und nennt Wesendes, das schon gewesen. "Im Gewese des Versteinerns west allererst die Schwelle" (Sprache, S. 26).
Die Schwelle ist der Grundbalken. Dieser trägt die Mitte zwischen dem Draussen und dem Drinnen. Der Austrag des Zwischen ist hart, denn Schmerz versteinerte die Schwelle. Er west in ihr als Schmerz.
Schmerz reisst. Er reisst auseinander und scheidet. Sein Reissen aber zeichnet und fügt. Er ist das Fügende im scheidend-sammelnden Reissen. Der Schmerz ist die Fuge des Risses. Er fügt den Riss des Unter-Schiedes. "Der Schmerz ist der Unter-Schied selber" (Sprache, S. 27).

> Da erglänzt in reiner Helle
> Auf dem Tische Brot und Wein.

Im Austrag des Schmerzes, im Riss des Unter-Schiedes glänzt die reine Helle.
Des Unter-Schiedes Fügen ent-scheidet die Auf-Heiterung der Welt in ihr Eigenes.
Dadurch kommen Brot und Wein ebenso zu ihrem Erglänzen. Als Früchte des Himmels und der Erde versammeln sie bei sich Himmel und Erde, Göttliches und Sterbliches. Von den Göttlichen sind sie den Sterblichen geschenkt.
Reine Helle und einfaches Erglänzen durchmessen den Unter-Schied.
Welt und Dinge ruft die dritte Strophe in die Mitte ihrer Innigkeit. Die Strophe versammelt das Heissen der Welt und das Heissen der Dinge. Ursprünglich ruft sie aus der Einfalt des innigen Heissens. Dieses Heissen ruft den Unter-Schied, ihn unausgesprochen lassend. Das ursprüngliche Rufen ist das eigentliche Heissen.
"Dieses Heissen ist das Wesen des Sprechens. Im Gesprochenen des Gedichtes west das Sprechen. Es ist das Sprechen der Sprache. Die Sprache spricht. Sie spricht, indem sie das Geheissene, Ding-Welt und Welt-Ding, in das Zwischen des Unter-Schiedes kommen lässt" (a.a.O. S. 28).
"Der Unter-Schied lässt das Dingen des Dinges im Welten der Welt beruhen" (a.a. O. S. 29). In die Ruhe bergen ist Stillen. Er stillt das Ding als Ding in die Welt. Er lässt die Dinge in der Gunst von Welt beruhen. Er lässt die Welt im Ding sich begnügen.
Welt und Dinge versammelt der Unter-Schied. In die Einfalt des Schmerzes der Innigkeit versammelt er sie. Er heisst sie in ihr Wesen kommen. Er ist das Heissende. Das Geheiss des Unterschiedes hat alles Heissen in sich versammelt.

Das gesammelte Heissen ist das Geläut der Stille. "Die Sprache spricht, indem das Geheiss des Unter-Schiedes Welt und Dinge in die Einfalt ihrer Innigkeit ruft. Die Sprache spricht als das Geläut der Stille" (Sprache, S. 30). Das Geläut der Stille ist, indem sich der Unter-Schied ereignet. "Die Sprache west als der sich ereignende Unter-Schied für Welt und Dinge" (Sprache, S. 30).
Heidegger sagt nun, das Geläut der Stille sei nichts Menschliches, aber das Menschliche sei in seinem Wesen sprachlich. Sprachlich im Sinne: aus dem Sprechen der Sprache ereignet. Das Menschenwesen ist durch die Sprache in sein Eigenes gebracht. So bleibt es dem Wesen der Sprache übereignet. Das Wesen der Sprache ist das Geläut der Stille. Dieses braucht das Sprechen der Sterblichen, um als Geläut für das Hören zu verlauten. In das Geläut der Stille gehörend, vermögen die Menschen das verlautende Sprechen.
Sterbliches, menschliches Sprechen ist nennendes Rufen, ist Kommenheissen von Ding und Welt aus der Einfalt des Unter-Schiedes. Das rein Geheissene ist das Gesprochene des Gedichtes. Dichtung ist nie nur höhere Alltagssprache. Vielmehr ist alltägliches Reden ein vergessenes und vernutztes Gedicht. Reine Prosa ist nicht Gegensatz zum Gedicht. Sie ist ebenso dichterisch und so selten wie Poesie. --
Das sterbliche Sprechen beruht im Verhältnis zum Sprechen der Sprache. Das Sprechen der Sprache ist das Geläut der Stille. Im Verlauten ist die Stille gebrochen.
Wie gelangt die Stille als gebrochene in das Lauten des Wortes? Heidegger hofft, dem Denken glücke eines Tages, hierauf zu antworten.

Nie ist die Verlautbarung oder der Ausdruck das Massgebende des menschlichen Sprechens. Die Weise unseres Sprechens ist das Ent-Sprechen. Dem Sprechen geht das Gehörthaben voran. Die Sterblichen sprechen, insofern sie entnehmend-entgegnend, der Sprache entsprechen. Im dem Unter-Schied-Entsprechen, im folgenden Hören auf die Stille, welche Welt und Dinge in den Riss der Einfalt ruft, wohnen die Sterblichen im Sprechen der Sprache. "Alles beruht darin, das Wohnen im Sprechen der Sprache zu lernen" (Sprache, S. 33).

4. Die Ursprache ist die Dichtung als Stiftung des Seins

"... dichterisch wohnt der Mensch auf dieser Erde." So zitiert Martin Heidegger, nach dem es auf das Wohnen im Sprechen der Sprache ankommt, auf den Dichter des Dichters: Hölderlin (Erläuterungen zu Hölderlins Dichtung, S. 39).
Dichterisch wohnen bedeutet, in der Götter Gegenwart stehen und ergriffen sein vor der Dinge Wesensnähe. Dichterisch ist das Dasein. Es ist kein Verdienst, sondern ein Geschenk. (Der ganze Zweizeiler lautet: Voll Verdienst, doch dichterisch wohnt der Mensch auf dieser Erde.)
Dichtung ist nicht ein Schmuck des Daseins, sondern der tragende Grund der Geschichte. "Geschehen der Geschichte ist Geschehen des In-der-Welt-seins" (SuZ, S. 388).
Dichtung ist stiftendes Nennen des Seins und des Wesens aller Dinge. Durch sie tritt alles ins Offene, was wir in der Alltagssprache bereden und verhandeln. Die Dichtung selbst ermöglicht erst die Sprache. Sie ist die Ursprache eines geschichtlichen Volkes. Das Wesen der Sprache muss aus dem Wesen der Dichtung verstanden werden. "Der Grund des menschlichen Daseins ist das Gespräch als eigentliches Geschehen der Sprache. Die Ursprache aber ist die Dichtung als Stiftung des Seins" (Höld., S. 40).
Das Nennen bringt das Seiende allererst ins Offene. "Indem die Sprache erstmals das Seiende nennt, bringt solches Nennen das Seiende erst zum Wort und zum Erscheinen. Dieses Nennen ernennt das Seiende erst zu seinem Sein aus diesem" (Holzwege, S. 60/61). Solche Seinsnennung ist Entwerfung des Lichten, worin eben Seiendes ins Offene kommt. Das entwerfende Sagen ist Dichtung. "Die Dichtung ist die Sage der Unverborgenheit des Seienden" (a.a.O. S. 61). In der jeweiligen Sprache geht einem Volk seine Welt auf. Im Sagen werden dem je Einzelnen und dem Volk die Begriffe seines Wesens vorgeprägt.
"Dichterisch wohnt der Mensch."
Dass Dichter gelegentlich dichterisch wohnen, liesse sich verstehen. Wie soll aber jeder Mensch beständig dichterisch wohnen? Wo bleibt im heutigen Wohnen Raum für das Dichterische?
Das Wort des Dichters behauptet nicht, Wohnen bedeute das Innehaben einer Wohnung. Wenn Hölderlin vom Wohnen spricht, schaut er den Grundzug des menschlichen Daseins. Aus dem Verhältnis zu diesem wesentlich verstandenen Wohnen schaut er das Dichterische.
Das Wort "... dichterisch wohnt der Mensch" besagt, das Dichten lasse das Wohnen ein Wohnen sein. Dichten ist Wohnenlassen. Als Wohnenlassen ist Dichten ein Bauen. Vielleicht dürfen wir das Wesen des Dichtens als Wohnenlassen für das aus-

gezeichnete Bauen halten. So gelangen wir ins Wesen des Wohnens.
Den Anspruch, in das Wesen einer Sache zu gelangen, übernimmt der Mensch nur von dort, woher er ihn empfängt. Er empfängt diesen Anspruch aus dem Zuspruch der Sprache.
Zwar tut der Mensch, als ob er Bildner und Meister der Sprache sei. Dabei bleibt sie die Herrin des Menschen. Der Mensch spricht nur, insofern er der Sprache entspricht. Er spricht nur, insofern er auf ihren Zuspruch hört. Die Sprache ist der höchste und der überall erste Zuspruch. "Die Sprache winkt uns zuerst und dann wieder zuletzt das Wesen einer Sache zu" (Vorträge und Aufsätze, S. 64, II). Das Entsprechen, in dem der Mensch auf den Zuspruch der Sprache hört, ist das Sagen, welches im Element des Dichtens spricht.
Wenn Hölderlin sagt, das Wohnen des Menschen sei dichterisch, scheint es, als reisse das Dichterische den Menschen von der Erde weg. Das Dichterische gehört doch ins Reich der Phantasie. Durch die Beifügung "auf dieser Erde" weist aber Hölderlin gerade in das Wesen des Dichtens. Das Dichten übersteigt nach Heidegger die Erde nicht, um sie zu verlassen. "Das Dichten bringt den Menschen erst auf die Erde, zu ihr, bringt ihn so in das Wohnen" (VA, S. 66, II).
Nach Heidegger sagt Hölderlin vom dichterischen Wohnen "nicht das gleiche wie unser Denken. Trotzdem denken wir das Selbe, was Hölderlin dichtet" (VA, S. 67, II).
Das gleiche verlegt sich immer auf das Unterschiedlose, damit alles übereinkomme. Das Selbe aber lässt sich nur sagen, wenn der Unterschied gedacht wird. Im Austrag des Unterschiedes leuchtet das versammelnde Wesen des Selben auf. "Das Selbe versammelt das Unterschiedene in eine ursprüngliche Einigkeit. Das gleiche hingegen zerstreut in die fade Einheit des nur einförmig Einen" (VA, S. 67, II).

"Einig zu seyn, ist göttlich und gut; woher ist die Sucht denn unter den Menschen, dass nur Einer und Eines nur sei?" Mit diesem Hölderlinzitat belegt Heidegger dessen Wissen um die Verhältnisse von Einigkeit und Einheit (a.a.O. S. 67).
Und weiter zitiert Heidegger den von ihm genannten 'Dichter des Dichters':

> "... reiner ist nicht der Schatten der Nacht mit den Sternen,
> Wenn ich so sagen könnte, als
> Der Mensch, der heisset ein Bild der Gottheit.
> Giebt es auf Erden ein Maass? Es giebt
> Keines" (a.a.O. S. 68).

Dem Menschen ist verstattet, zu den Himmlischen aufzuschauen. Das Aufschauen bleibt aber im Unten auf der Erde. Es durchmisst das Zwischen von Himmel und Erde. "Dieses Zwischen ist dem Wohnen des Menschen zugemessen" (a.a.O. S. 69). Die Durchmessung, durch welche das Zwischen von Himmel und Erde offen ist, nennt Heidegger die Dimension. Nach Hölderlin durchmisst der Mensch die Dimension, indem er sich an den Himmlischen misst. Erst in solchem Durchmessen ist der Mensch Mensch. Als solcher hat er sich immer schon an und mit Himmlischem gemessen. "Auch Luzifer stammt vom Himmel" (a.a.O. S. 69).
Die Gottheit ist das Mass, mit welchem der Mensch sein Wohnen ausmisst. Nur in solchem Ver-messen vermag er seinem Wesen gemäss zu sein.

Das Vermessen ist das Dichterische des Wohnens. Dichten ist Messen. "Im Dichten ereignet sich das Nehmen des Masses. Das Dichten ist die im strengen Sinne des Wortes verstandene Mass-Nahme, durch die der Mensch erst das Mass für die Weite seines Wesens empfängt" (a.a.O. S. 70).

Das Mass für das menschliche Messen besteht in der Weise, wie der im Sinne Hölderlins unbekannt bleibende Gott "als dieser durch den Himmel offenbar ist. Das Erscheinen des Gottes durch den Himmel besteht in einem Enthüllen, das jenes sehen lässt, was sich verbirgt, aber sehen lässt nicht dadurch, dass es das Verborgene aus seiner Verborgenheit herauszureissen sucht, sondern allein dadurch, dass es das Verborgene in seinem Sichverbergen hütet. So erscheint der unbekannte Gott als der Unbekannte durch die Offenbarkeit des Himmels. Dieses Erscheinen ist das Mass, woran der Mensch sich misset" (a.a.O. S. 71).

Weil der Mensch im Ausstehen der Dimension i s t , muss sein Wesen vermessen werden. Diese Vermessung bedarf eines Masses, welches die ganze Dimension in einem betrifft. Dieses Mass erblicken, heisst dichten. Das Dichten ist die Massnahme für das Wohnen des Menschen.

Das Mass für das Dichten ist die Gottheit. Der Dichter dichtet nur, wenn er hier das Mass nimmt, Wenn er das geheimnisvolle Mass am Angesicht des Himmels nimmt. Wegen solchen Massnehmens spricht das Dichten in Bildern. Die dichterischen Bilder sind Ein-Bildungen "als erblickbare Einschlüsse des Fremden in den Anblick des Vertrauten. Das dichtende Sagen der Bilder versammelt Helle und Hall der Himmelserscheinungen in Eines mit dem Dunkel und dem Schweigen des Fremden" (VA, S. 75). So versteht sich das Bild, in dem der Mensch bei Hölderlin erscheint "als der Mensch, der heisset ein Bild der Gottheit" (ebd.).

Das Mass nehmende Dichten schickt sich als Fremdes in das Vertraute der Anblicke des Himmels. Daher ist das Mass von der Wesensart des Himmels. Aber der Himmel ist nicht nur Licht. "Der Glanz des Himmels ist Aufgang und Untergang der Dämmerung, die alles Verkündbare birgt. Dieser Himmel ist das Mass" (a.a.O. S. 75).

Auf Erden gibt es kein Mass, weil das, was wir "auf der Erde" nennen, nur insofern besteht, als der Mensch die Erde be-wohnt und in diesem Bewohnen die Erde als Erde sein lässt. Das Wohnen aber geschieht nur im Ereignis des Dichtens, im Wesen des Dichtens als der Massnahme für alles Messen.

Als Ermessen der Dimension des Wohnens ist das Dichten das anfängliche Bauen. Dichten ist ursprüngliches Wohnenlassen. So gelangt das Wohnen des Menschen in sein Wesen.

Das Wohnen als Aufbauen vermag der Mensch nur, wenn er dichtend baut. Insofern Dichter sind, geschieht das eigentliche Bauen. Dichten und Wohnen gehören zusammen. "Das Dichten erbaut das Wesen des Wohnens" (a.a.O. S. 76). Undichterisch kann einer nur wohnen, weil das Wohnen im Wesen dichterisch ist. Ein Blinder muss seinem Wesen nach ein Sehender bleiben.

Das Grundvermögen des menschlichen Wohnens ist das Dichten. Dichten ist Messen für das Wesentliche. Nimmt der Mensch das wesentliche Mass an der Gottheit, dann dichtet er aus dem Wesen des Dichterischen. Ereignet sich das Dichterische, dann wohnet der Mensch menschlich auf dieser Erde.

Sinnen und Sorgen, dass der Mensch menschlich sei und nicht un-menschlich, nicht ausserhalb seines Wesens: das ist Humanismus. "Doch worin besteht die Menschlichkeit des Menschen? Sie ruht in seinem Wesen" (Ueber den Humanismus, S. 10).

Als was wesen wir Menschen? Wir wesen als das, was wir sind. Wir - die Menschen - sind ein Gespräch. Ein Gespräch sind wir und können voneinander hören. So hört es Hölderlin sagen:

> "Viel erfahren hat der Mensch.
> Der Himmlischen viele genannt,
> Seit ein Gespräch wir sind
> Und hören können voneinander" (Höld., S. 36).

Im Gespräch geschieht die Sprache. In dieser gründet des Menschen Sein. Das Gespräch trägt unser Dasein. Gesprächsein und Geschichtlichsein ist dasselbe.

Seit die Sprache als Gespräch geschieht, kommt die Gottheit zu Wort und erscheint Welt. Gottheit und Welt sind gleichzeitig mit der Sprache. Im Nennen der Götter und im Wort-Werden der Welt besteht das eigentliche Gespräch, das wir selber sind.
Die Götter kommen indes nur ins Wort, wenn sie uns ansprechen und unter ihren Anspruch stellen. Das die Götter nennende Wort ist stets Antwort auf solchen Anspruch. Seit die Götter uns ins Gespräch bringen, ist der Grund unseres Daseins ein Gespräch.
Wie beginnt das Gespräch, das wir sind? Wieder antwortet Hölderlin dem fragenden Heidegger: "... gut ist ein Gespräch und zu sagen
> des Herzens Meinung ...
> Ausgehet der Strom ...
Was bleibet aber, stiften die Dichter" (Höld., S. 77/78).

Die Dichter nennen die Götter und die Dinge in dem, was sie sind. "Dieses Nennen besteht nicht darin, dass ein vordem schon Bekanntes nur mit einem Namen versehen wird, sondern indem der Dichter das wesentliche Wort spricht, wird durch diese Nennung das Seiende erst zu dem ernannt, was es ist. So wird es bekannt a l s Seiendes. Dichtung ist worthafte Stiftung des Seins. Was bleibt, wird daher nie aus dem Vergänglichen geschöpft" (Höld., S. 38).
Sein und Wesen der Dinge können nie errechnet und aus dem Vorhandenen abgeleitet werden. Sie müssen frei geschaffen, gesetzt und geschenkt werden. Solche Schenkung ist Stiftung.
Im ursprünglichen Nennen der Götter und im Zuwortekommen der Dinge "wird das Dasein des Menschen in einen festen Bezug gebracht und auf einen Grund gestellt. Das Sagen des Dichters ist Stiftung nicht nur im Sinne der freien Schenkung, sondern zugleich im Sinne der festen Gründung des menschlichen Daseins auf seinen Grund" (Höld., S. 39). In der Dichtung wird der Mensch auf den Grund seines Daseins gesammelt. Darin kommt er zur Ruhe.
Als ursprüngliches Nennen der Götter ist das Sagen des Dichters das Auffangen ihrer Winke, d.h. ihrer Sprache: "... Winke sind von alters her die Sprache der Götter" (Höld., S. 42). An diese Götterwinke ist die Stiftung des Seins gebunden. In die Gesetze der Winke der Götter und der Stimmen der Völker ist das Wesen der Dichtung

eingefügt. Der Dichter selber steht zwischen den Göttern und seinem Volk. Er ist Hinausgeworfener in ihr Zwischen.
(Nach der Meinung Heideggers hat Hölderlin unausgesetzt diesem Zwischenbereich sein dichterisches Wort geweiht. Darum heisst er ihn den Dichter des Dichters.)

Als Hinausgeworfener denkt ein idealer Dichter "in den Grund und in die Mitte des Seins dichterisch hinaus" (Höld., S. 44).
Was Heidegger nach seinem eigenen Wort nur denkerisch andeuten kann, sagt Hölderlin dichterisch. Dichter sind, wie Hölderlin sie besagt, wie "... heilige Priester, welche von Land zu Land zogen in heiliger Nacht" (Höld., S. 45).

5. Das Wesen der Dichtung ist die Stiftung der Wahrheit

Der dichtende Entwurf der Wahrheit wird den kommenden Bewahrenden, d.h. einem geschichtlichen Menschentum zugeworfen. Das Zugeworfene ist nie willkürlich Zugemutetes. "Der wahrhaft dichtende Entwurf ist die Eröffnung von Jenem, worein das Dasein als geschichtliches schon geworfen ist" (Holzwege, S. 63). Dieses zu Eröffnende ist die Erde, die Erde eines geschichtlichen Volkes. Diese Erde ist dem Volk der sich verschliessende Grund, auf dem es ruht mit allem, was es schon ist. Sich selber aber ist es noch verborgen. Aus dem Bezug des Daseins zur Unverborgenheit des Seins waltet indes seine Welt. Unverborgenheit des Seins ist Wahrheit des Seins.
Dichtung als Stiftung von Wahrheit ist nur in der Bewahrung wirklich. Jeder Weise des Stiftens entspricht eine solche des Bewahrens. Alles dem Menschen und einem Volke Mitgegebene muss aus dem verschlossenen Grund heraufgeholt werden. Der dichtende Entwurf hat in sich das Unvermittelte, welches die Gründung in die Offenheit verlangt. Dem Ort des Gedichtes entquillt die Woge, welche das Sagen als ein dichtendes bewegt. Das Entquellen der Woge lässt alles Bewegen der Sage in den Ursprung zurückfliessen. Ursprung heisst "etwas erspringen, im stiftenden Sprung aus der Wesensherkunft ins Sein bringen" (Hw, S. 64). Ein Ursprung ist eine ausgezeichnete Weise, wie Wahrheit seiend und d.h. geschichtlich wird.
Geschichtlich und als geschichtliche die schaffende Bewahrung der Wahrheit im Werk ist die Kunst. Kunst geschieht als Dichtung. Diese ist Stiftung im Sinne der Schenkung, der Gründung und des Anfangs. Die Kunst begründet Geschichte. "Die Kunst lässt die Wahrheit entspringen" (Hw, S. 64).
Dichtung ist Kunst und als Kunst ist sie Stiftung von Wahrheit.

> Wunder von ferne oder traum
> Bracht ich an meines landes saum
>
> Und harrte bis die graue horn
> Den namen fand in ihrem born -
>
> Darauf konnt ichs greifen dicht und stark
> Nun blüht und glänzt es durch die mark ...

> Einst langt ich an nach guter fahrt
> Mit einem kleinod reich und zart
>
> Sie suchte lang und gab mir kund:
> 'So schläft hier nichts auf tiefem grund'
>
> Worauf es meiner hand entrann
> Und nie mein land den schatz gewann ...
>
> So lernt ich traurig den verzicht:
> Kein ding sei wo das wort gebricht.

(Sprache, S. 220/ aus 'Blätter für die Kunst' v. Stefan George)

Die Erläuterung einer Dichtung bringt nach Heidegger das Lautere zu einem ersten Scheinen. Jeder grosse Dichter dichtet nur aus einem einzigen Gedicht, "und das Gedicht eines Dichters bleibt ungesprochen" (a.a.O. S. 37).

Obiges Gedicht trägt den Titel: Das Wort. Man ist nach Heidegger versucht, die Schlusszeile in eine Aussage umzuformen: Kein Ding ist, wo das Wort gebricht. Fehlt das Wort, dann ist kein Ding. Erst das verfügbare Wort verleiht dem Ding das Sein.
"Was heisst hier Sein, dass es wie eine Verleihung erscheint, die dem Ding aus dem Wort zugeeignet wird?" (a.a.O. S. 221).
Was ist für den Dichter erregender und gefährlicher als das Verhältnis zum Wort? So fragt Heidegger.

Bezaubernd erzählen die ersten sechs Strophen von verschleierter Erfahrung des Dichters. Bedrängender spricht die letzte Strophe. Sie drängt in die Unruhe des Nachdenkens. Aus ihr erst hören wir den Sinn des ganzen Gedichtes: das Wort.

Ueberdies hat Heidegger den Schlussvers in eine Aussage umgeändert, nicht aus blosser Willkür, sondern zur Umformung "fast genötigt, sobald wir bemerken, dass der erste Vers der Schlussstrophe mit einem Doppelpunkt endet. Dieser weckt die Erwartung, im folgenden sei etwas ausgesagt.
Anders aber als vor dem Schlussvers in der fünften Strophe - 'So schläft hier nichts auf tiefem grund' - eröffnet der Doppelpunkt in der letzten Strophe "das, was auf ihn folgt" (a.a.O. S. 200). Er eröffnet ein Sagen für das, worauf es sich einlässt: auf das Verzichten. Das Sagen lässt sich auf das ein, worauf der Verzicht verzichtet. Das Versagen heisst:

> Kein ding sei wo das wort gebricht.

Der Dichter lernte das verzichtende Versagen. Er lernte, indem er sich in das Erfahren schickte: Einst langt ich an nach guter fahrt ...
        (Beginn der vierten Strophe)
Um die Fahrten des Dichters zu verstehen, die ihn den Verzicht erfahren lassen, müssen wir den Ort er-örtern, die Landschaft bedenken, in welche das Erfahren des Dichters gehört.

'Mein Land' heisst der Dichter zweimal den Bezirk seines Dichtens.

> Wunder von ferne oder traum
> bracht ich an meines landes saum

Namen für Erstaunliches aus der Ferne oder für Geträumtes sind dem Dichter Worte, "durch die das schon Seiende und für seiend Gehaltene so greifbar und dicht gemacht wird, dass es fortan glänzt und blüht und so überall im Lande als das Schöne herrscht" (Sprache, S. 225).
Durch die Darstellungskraft bezeugen die Namen ihre Herrschaft über die Dinge. Der Dichter dichtet aus dem Anspruch auf die Namen. Durch seine Fahrten findet sein Anspruch die verlangte Erfüllung.
Dies findet sich am Saum seines Landes. Der Saum säumt den Aufenthalt des Dichters. Dort ist der Born, der Brunnen, aus dem die alte Schicksalsgöttin, die graue Norn, die Namen holt. Damit gibt sie dem Dichter die Worte, die er "als die Darstellung dessen erwartet, was er für das Seiende hält. Der Anspruch des Dichters auf die Herrschaft seines Sagens erfüllt sich" (Sprache, S. 225).

> Drauf konnt ichs greifen dicht und stark
> Nun blüht und glänzt es durch die mark ...

Die Herrschaft des Dichtertums ist vollkommen. Des Dichters Selbstsicherheit ist ungestört.
Nach guter Fahrt trägt er ein Kleinod zum Born der Norn. Aber die Schicksalsgöttin sucht lange den Namen und muss kundgeben:

> 'So schläft hier nichts auf tiefem grund'

Die Quelle, aus der das dichterische Sagen schöpfte, spendet kein Wort mehr. Damit schwindet das Kleinod weg, es entrinnt wegen des ausbleibenden Wortes:

> Worauf es meiner hand entrann
> Und nie mein land den schatz gewann ...

Das sonst Anwesen oder Sein verleihende Wort hat anders gewaltet. Ist also das Fahren des Dichters zum Born der Norn zuende? Es scheint. Denn das Kleinod erscheint nicht weiter als Seiendes. Anwesen oder Sein ist ihm durch das Wort nicht verliehen. In neuer Erfahrung hat der Dichter ein anderes Walten des Wortes erblickt, gelernt. Er muss auf das nennende Wort verzichten. Verzichten ist ein Sichversagen, das als Sagen sich sagt:

> Kein ding sei wo das wort gebricht.

Weil der Name verwehrt wird, bleibt dunkel das Kleinod in diesem Gedicht.
Warum aber konnte der Dichter, der doch den Verzicht gelernt hat, nicht auf das Sagen verzichten? Heidegger antwortet: Weil dieser Verzicht ein eigentlicher Verzicht ist und keine blosse Absage an das Sagen und somit kein blosses Verstummen.

"Als Sichversagen bleibt der Verzicht ein Sagen. So wahrt er das Verhältnis zum Wort" (Sprache, S. 228). Weil sich das Wort in höherem Walten gezeigt hat, muss auch das Verhältnis zum Wort eine Wandlung erfahren. Das Sagen gelangt in einen anderen Ton, in eine andere Gliederung. Der Verzicht des Dichters ist erfahren. Das Gedicht bezeugt dies im Besingen des Verzichts. Es verschliesst die Schlussstrophe mit dem Abschliessen des Gedichtes zugleich das Geheimnis des Wortes. Der Verzicht auf das Wort ist "in ihm selber ein Sagen: das Sich-versagen ... nämlich den Anspruch auf etwas" (Sprache, S. 231). So behält der Verzicht einen verneinenden Charakter: Kein Ding, d.h. nicht ein Ding sei, wo das Wort gebricht, d.h. nicht verfügbar ist.

Nur wo das Wort gewährt ist, sei ein Ding. So sagt der Verzicht. Verzichten denken wir zunächst als Sich-etwas-versagen. Der Dichter versagt sich den Anspruch auf die vorstellende Herrschaft des Wortes. Inzwischen kam ein anderer Zug im Verzichten zum Vorschein. Das Verzichten sagt sich dem höheren Walten des Wortes zu. Dieses lässt erst ein Ding als Ding sein'.' Das Wort be-dingt das Ding zum Ding" (Sprache, S. 232). Heidegger möchte dieses Wortwalten die Bedingnis nennen. Dieses alte Wort war für Goethe noch ein Begriff. Die Bedingung ist der Grund für Seiendes. Die Bedingung gründet und begründet. Aber das Wort be-gründet das Ding nicht. Es lässt das Ding als Ding anwesen. Dieses Lassen heisse Bedingnis, auch wenn der Dichter ihr Wesen nicht klärt. Aber sein Sagen sagt sich diesem Geheimnis zu.

Sich dem Geheimnis des Wortes nicht versagen ist ein Ja-sagen im Sinne: es sei. So sei das Wort die Bedingnis des Dinges. "Dieses 'sei' lässt sein, was und wie das Verhältnis von Wort und Ding eigentlich ist: Kein Ding ist ohne das Wort.

Der Wesensreichtum des Wortes ist, dass es im Sagen das Ding als Ding zum Scheinen bringt. Nie aber gewinnt nach dem nachgesagten Gedicht das Land des Dichters den Schatz, welcher das Wort ist für das Wesen der Sprache. Könnte aber das Wort für das Wesende der Sprache jenes Kleinod sein, das dem Dichter ganz nahe war und doch entrann? So fragt Heidegger und hört sagen: "Das kleinod reich und zart ist das verborgene Wesen (verbal) des Wortes, das sagend unsichtbar und schon im Ungesprochenen das Ding als Ding uns darreicht" (Sprache S. 236). So wird das Kleinod das, was Dichter als Sagende über alles würdigen. Das Kleinod wird zum eigentlich Denkwürdigen des Dichters: es wird das sich verschleiernde Wesen des Wortes, das entscheidende Wort für das Wort (S. 237). Der Dichter sagt das Denkwürdige des Dichtertums. "Sich das Denkwürdige sagen lassen, heisst - Denken. Indem wir das Gedicht hören, denken wir dem Dichten nach. Auf solche Weise ist: Dichten und Denken" (a.a.O. S. 237).

Die Inschrift 'Dichten und Denken' ist von altersher in unser Dasein eingeschrieben. Sie verzeichnet das Zueinandergehören von Dichten und Denken. Wenn wir in die Herkunft dieses Zusammengehörens zurückdenken, kommen wir vor das uralt Denkwürdige, das wir uns nie genug sagen lassen können. Es ist dasselbe, das sich dem Dichter nicht versagt:

      Kein ding sei wo das wort gebricht.

Des Wortes Walten blitzt auf als Bedingnis des Dinges zum Ding. "Das Wort hebt

an zu leuchten als die Versammlung, die Anwesendes erst in sein Anwesen bringt.
Das älteste Wort für das so gedachte Walten des Wortes, für das Sagen, heisst
Λόγος : die Sage, die zeigend Seiendes in sein es ist erscheinen lässt" (a.a.O.
S. 237). Das selbe Wort Λόγος ist aber als Wort für das Sagen zugleich das
Wort für das Sein. Sein ist Anwesen des Anwesenden. "Anwesung aber ist überhaupt das Wesen des Seins" (Platons Lehre von der Wahrheit, S. 35). Sage und
Sein, Wort und Ding gehören wesentlich zueinander. Das Sein alles Seienden wohnt
im Wort. "Das Sein versammelt das Seiende darin, dass es Seiendes ist. Das Sein
ist die Versammlung - Λόγος " (Was ist das - die Philosophie? S. 13). Das Seiende steht im Sein. "Sein des Seienden heisst, Sein, welches das Seiende ist. Das
'ist' spricht hier transitiv, übergehend" (Identität und Differenz, S. 62). Das Seiende ist. "Dessen Sein enthält die Wahrheit, dass es ist" (Nietzsche II, S. 488).

Es gibt Sein. "Im Λόγος bringt sich das Sein zur Sprache als das Denkwürdige
des Denkens" (Kants These über das Sein/Existenz und Ordnung, S. 244).

Denken und Dichten sind ein ausgezeichnetes Sagen. Dem Geheimnis des Wortes
als ihrem Denkwürdigsten sind sie überantwortet. Das denkende Dichten "ist in
der Wahrheit die Topologie des Seyns. Sie sagt diesem die Ortschaft seines Wesens" (Aus der Erfahrung des Denkens, S. 23). Dem Seyn entwachsen Singen und
Denken. Sie reichen in seine Wahrheit. So singt das George-Gedicht vom Wort als
Lied den Verzicht. "Singen und Denken sind die nachbarlichen Stämme des Dichtens" (a.a.O. S. 25).
"Der Dichter versammelt die Welt in ein Sagen, dessen Wort ein mildverhaltenes
Scheinen bleibt, worin die Welt so erscheint, als werde sie zum erstenmal erblickt" (Hebel, der Hausfreund, S. 19). Die Lichtung geschieht durch den Dichter.
Er nennt erstmals das Wahre des Seienden. Das Wahre des Seienden ist "das
Seyn" (Höld, S. 127). Die Wahrheit als die Lichtung geschieht, "indem sie gedichtet wird" (Hw, S. 59).

6. Alle Wahrheit ist relativ auf das Sein des Daseins

Wahrheit ist Wahrsein. Wahrsein besagt entdeckend-sein. Eine Aussage, die das
Seiende an ihm selbst entdeckt, ist wahr. Das sich an ihm selber Zeigende ist
φαινόμενον . Phänomenologisch nur kann Seiendes in der Weise des Verstehens
gesagt und besagt werden. Phänomenologische Wahrheit ist transzendentale Wahrheit. Das aber ist Erschlossenheit von Sein.
"Das Wahrsein des λόγος als ἀπόφανσις ist das ἀληθεύειν in der Weise des
ἀποφαίνεσθαι : Seiendes - aus der Verborgenheit herausnehmend - in seiner Unverborgenheit (Entdecktheit) sehen lassen" (Sein und Zeit, S. 219). Die ἀλήθεια
des Aristoteles bedeutet 'die Sachen selbst'. Sie bedeutet das, was sich zeigt, "das
Seiende im Wie seiner Entdecktheit" (ebd.).
Die Bestimmung der Wahrheit als Entdecktheit und Entdeckendsein ist keine blosse
Worterklärung. Sie erwächst vielmehr aus der Analyse der Daseinsverhaltungen.
Wahrsein ist als Entdeckendsein eine Seinsweise des Daseins.
Entdecken ist eine Seinsweise des In-der-Welt-seins. Das Besorgen entdeckt inner-

weltliches Seiendes. Entdeckt begegnet es.
Entdeckend sein heisst wahr sein. Entdeckend ist das Dasein, d.h. es ist primär wahr. Im zweiten Sinne wahr ist Entdecktes.
Die Entdecktheit des innerweltlichen Seienden gründet in der Erschlossenheit der Welt. Erschlossenheit ist Grundart des Daseins. Gemäss dieser ist es sein Da. Durch Befindlichkeit, Verstehen und Rede wird Erschlossenheit konstituiert. Das Sichvorweg-schon sein in der Welt - als Sein bei innerweltlichem Seienden, nämlich die Sorge, birgt in sich Daseinserschlossenheit. Mit und durch die Sorge ist Entdecktheit. Erst mit der Erschlossenheit des Daseins wird "das ursprünglichste Phänomen der Wahrheit erreicht" (SuZ, S. 220/21). Das Dasein, das seine Erschlossenheit ist, ist wesenhaft 'wahr', ist 'in der Wahrheit'.
Wie west Wahrheit?
Gewöhnlich versteht man unter Wahrheit dasjenige, was ein Wahres zu einem Wahren macht. Man spricht beispielsweise von wahrer Freude und meint damit eine reine, wirkliche Freude. "Das Wahre ist das Wirkliche" (Vom Wesen der Wahrheit, S. 7).
Wir reden von wahrem und falschem Gold. Das falsche Gold ist nur scheinbar Gold und insofern unwirklich. Dennoch ist das Scheingold auch etwas Wirkliches. In seinem Schein ist es für uns wirklich. Wir nehmen seine Schein-Wirklichkeit wahr. Sofern wir die Unechtheit dessen, was es scheinen soll, erkannt haben, ist Scheingold Scheingold. Aber, sagt Heidegger, das Wahre des echten Goldes könne nicht schon durch seine Wirklichkeit bewährt sein. Beim echten Gold steht der Stoff in Uebereinstimmung mit dem, was wir mit Gold eigentlich im voraus meinen. Es ist, wie es sich gehört: es stimmt. Die Sache stimmt.
Wahre Freude und wahres Gold können wir Sachwahrheiten nennen. Daneben gibt es Aussagewahrheiten. Wahr ist eine Aussage, "wenn das, was sie meint und sagt, übereinstimmt mit der Sache, worüber sie aussagt" (WdW, S. 7). In diesem Falle stimmt der Satz.
Die überlieferte Definition "veritas est adaequatio rei et intellectus" kann bedeuten, die Wahrheit sei die Angleichung der Sache an die Erkenntnis; sie kann aber auch bedeuten, Wahrheit sei die Angleichung der Erkenntnis an die Sache. Gewöhnlich 'versteht' die angeführte Wesensumgrenzung die veritas als die adaequatio intellectus ad rem. Die so begriffene Satzwahrheit ist indes nur möglich auf dem Grunde der Sachwahrheit, der adaequatio rei ad intellectum. Beide Wesensbegriffe meinen ein Sichrichten nach ... und denken die Wahrheit als Richtigkeit.
Intellectus und res werden in beiden Begriffen verschieden gedacht. Die veritas als adaequatio rei ad intellectum meint nicht schon den transzendentalen Gedanken Kants, dass "sich die Gegenstände nach unserer Erkenntnis richten", sondern den christlich theologischen Glauben, "dass die Sachen in dem,was sie sind und ob sie sind, nur sind, insofern sie als je erschaffene (ens creatum) der im intellectus divinus, d.h. in dem Geiste Gottes, vorgedachten idea entsprechen und somit ideegerecht (richtig) und in diesem Sinne 'wahr' sind" (a.a.O. S. 8).
Ens creatum ist auch der intellectus humanus. Als von Gott geliehenes Vermögen muss er seiner idea genügen. Ideegerecht ist der Verstand dadurch, dass er "in seinen Sätzen die Angleichung des Gedachten an die Sache vollzieht, die ihrerseits der idea gemäss sein muss" (ebd.). Die Wahrheitsmöglichkeit menschlicher Erkenntnis gründet in der Ideegerechtigkeit von Sache und Satz, die nach dem Schöp-

fungsplan aufeinander zugerichtet sind. Die adaequatio rei creandae ad intellectum divinum gibt die Gewähr für die adaequatio intellectus humani ad rem creatam. Veritas meint hier ein 'Stimmen' nach der Bestimmung der Schöpfungsordnung.

Diese Ordnung kann allgemein als Weltordnung vorgestellt werden. An die Stelle der theologisch gedachten Ordnung rückt "die Planbarkeit"aller Gegenstände durch die Weltvernunft, die sich selbst das Gesetz gibt und daher auch die unmittelbare Verständlichkeit ihres Vorgehens (das, was man für 'logisch' hält) beansprucht" (a.a.O. S. 9).
Dass das Wesen der Satzwahrheit in der richtigen Aussage besteht, ist klar. Ja, man setzt die Richtigkeit bereits als Wesen der Wahrheit voraus, ehe man ausspricht. Die Satzwahrheit ist "in der vorprädikativen Offenbarkeit von Seiendem gewurzelt" (Vom Wesen des Grundes, S. 12). Desgleichen meint die Sachwahrheit immer die Einstimmigkeit des Dinges mit seinem 'vernünftigen' Wesensbegriff.

Es scheint nach Heidegger, diese Wesensbestimmung der Wahrheit bleibe "unabhängig von der Auslegung des Wesens des Seins alles Seienden, die jeweils eine entsprechende Auslegung des Wesen des Menschen als des Trägers und Vollziehers des intellectus einschliesst" (WdW, S. 9). So gewinnt die Formel für die veritas als adaequatio intellectus et rei Gemeingültigkeit. In dieser Selbstverständlichkeit nimmt man auch selbstverständlich hin, dass die Wahrheit ein Gegenteil habe und dass es die Unwahrheit gebe. Die Unwahrheit des Satzes oder die Unrichtigkeit ist das Nichtübereinstimmen der Aussage mit der Sache. Die Unwahrheit der Sache oder die Unechtheit ist das "Nichteinstimmen des Seienden mit seinem Wesen" (a.a.O. S. 9). Als Nichtstimmen fällt die Unwahrheit aus dem Wesen der Wahrheit heraus. Im Uebereinstimmen zeigt sich die Richtigkeit, im Einstimmen die Echtheit.
Uebereinstimmen hat verschiedene Bedeutung. Zwei Frankenstücke kommen überein in dem Einen ihres Aussehens. In dieser Hinsicht sind sie gleich. Uebereinstimmung ist auch, wo wir sagen: das Frankenstück ist rund. Beidemal haben wir übereinstimmende Beziehungen. Die erste Beziehung besteht zwischen Ding und Ding, die zweite zwischen Aussage und Ding.
Worin sollen Aussage und Ding übereinkommen? fragt Heidegger. Das Geldstück ist metallen. Die Aussage ist nicht stofflich. Das Frankenstück ist rund. Die Aussage hat nichts Räumliches als Sage. Das Geldstück lässt kaufen. Die Aussage ist nie Zahlungsmittel. Dennoch stimmt die Aussage als wahre überein mit dem Geldstück. Dieses Stimmen (wir sagen: das Frankenstück ist rund) soll nach dem geläufigen Begriff der Wahrheit eine Angleichung sein. Wie kann sich die Aussage an das Geldstück angleichen? Sie müsste zum Geldstück werden und sich selbst aufgeben. Geschähe dies, kann könnte nicht mehr eine Aussage mit einem Ding übereinstimmen. Die Angleichung muss also in der Aussage bleiben, ja werden, was sie ist. Wie kann die Aussage im Beharren auf ihrem Wesen dem Ding sich angleichen?
Das Wesen der Angleichung bestimmt sich hier nicht in einem dinghaften Gleichwerden zwischen ungleichartigen Dingen, sondern aus der Art der "Beziehung, die zwischen der Aussage und dem Ding obwaltet" (a.a.O. S. 11). Die Beziehung des vorstellenden Aussagens auf das Ding ist nach Heidegger der Vollzug jenes

Verhältnisses, das sich ursprünglich als Verhalten zum Schwingen bringt. Alles Verhalten aber hält sich, im Offenen stehend, an ein Offenbares als ein solches. Dieses Offenbare wird im abendländischen Denken als 'das Anwesende' erfahren und 'das Seiende' genannt. Also verhält sich das Verhalten zu Seiendem, oder mit Heideggers Worten: das Verhalten ist offenständig zum Seienden (WdW, S. 12) . "Der Mensch ist dasjenige Seiende, dessen Sein durch das offenstehende Innestehen in der Unverborgenheit des Seins, vom Sein her, im Sein ausgezeichnet ist. Das existenziale Wesen des Menschen ist der Grund dafür, dass der Mensch Seiendes als ein solches vorstellen und vom Vorgestellten ein Bewusstsein haben kann" (Was ist Metaphysik? S. 16).

Die Offenständigkeit des Menschen ist je nach der Art des Seienden und der Verhaltensweise verschieden. Das Seiende kann nur sagbar werden als das, was es ist und wie es ist, wenn es selbst vorstellig wird beim vorstellenden Aussagen, "so dass dieses sich einer Weisung unterstellt, das Seiende so - wie es ist, zu sagen. Indem das Aussagen solcher Weisung folgt, richtet es sich nach dem Seienden. Das dergestalt sich anweisende Sagen ist richtig (wahr). Das so Gesagte ist das Richtige (Wahre)" (WdW, S. 12).

Nur durch die Offenbarkeit des Verhaltens kann Offenbares zum Richtmass werden für vor-stellende Angleichung. Das offenständige Verhalten muss eine Vorgabe des Richtmasses übernehmen. Wenn aber nur durch die Offenständigkeit des Verhaltens die Richtigkeit oder Wahrheit der Aussage möglich wird, dann muss das, was die Richtigkeit ermöglicht, "mit ursprünglicherem Recht als das Wesen der Wahrheit gelten" (a.a.O. S. 12).

Wahrheit ist nach Heidegger nicht ursprünglich im Satz. Es ist das offenständige und Richtmass vorgebende Verhalten, welches "der Satzrichtigkeit das Ansehen leiht, überhaupt das Wesen der Wahrheit zu erfüllen" (a.a.O. S. 13). Wo aber ist der Grund für dieses Verhalten?

Dieses Vorgeben muss sich schon in ein Offenes freigegeben haben. Frei für ein Offenbares, das aus diesem Offenen waltet. Das Offenbare bindet jegliches Vorstellen. "Das Sich-freigeben für eine bindende Richte ist nur möglich als F r e i - s e i n zum Offenbaren eines Offenen" (ebd.). Solches Freisein, sagt Heidegger, zeige auf das bisher unbegriffene Wesen der Freiheit. In der Freiheit gründet die Offenständigkeit des Verhaltens als innere Ermöglichung der Richtigkeit. Das Wesen der Wahrheit ist die Freiheit" (a.a.O. S. 13).

Dieser Satz meint nicht, zu Aneignung und Vollzug der Aussage gehöre ein ungezwungenes Handeln, sondern er meint, die Freiheit sei das W e s e n der Wahrheit selber. Wesen versteht sich dabei "als der Grund der inneren Möglichkeit dessen, was zunächst und im allgemeinen als bekannt zugestanden wird (a.a.O. S. 13).

Martin Heidegger sagt selber, dieser Satz, das Wesen der Wahrheit oder die Richtigkeit der Aussage sei die Freiheit, müsse befremden, denn im Begriff der Freiheit denke sich ja nicht die Wahrheit und schon gar nicht ihr Wesen. Wird hier also nicht die Wahrheit auf die Subjektivität des menschlichen Subjekts hinabgedrückt? Wird nicht die Wahrheit dem Belieben des Menschen anheimgestellt, indem das Wesen der Wahrheit in die Freiheit gesetzt wird?

Alle Arten der Unwahrheit: Falschheit, Verstellung, Lüge, Täuschung, Trug und Schein rechnet man dem Menschen zu. Die Unwahrheit ist aber auch das Gegenteil

der Wahrheit. Als solches ist sie das Unwesen der Wahrheit. So wird sie aus dem Fragenkreis nach dem reinen Wesen der Wahrheit ferngehalten.
Vormeinungen sind nach Heidegger die Gründe für das Widerstreben gegen den Satz, das Wesen der Wahrheit sei die Freiheit. Die hartnäckigsten dieser Vormeinungen sind die: die Freiheit sei eine Eigenschaft des Menschen. Das Wesen der Freiheit brauche keine weitere Befragung.
Erschüttert werden diese Vormeinungen, sofern "wir zu einer Wandlung des Denkens bereit sind" (WdW, S. 15). Der Wesenszusammenhang zwischen Wahrheit (als Richtigkeit) und Freiheit erschüttert die vorgefassten Meinungen. Die Besinnung auf diesen Wesenszusammenhang lässt uns die Frage nach dem Wesen des Menschen mit der Erfahrung eines verborgenen Wesensgrundes des Menschen 'beantworten'. Solche Daseinserfahrung versetzt uns in den ursprünglich wesenden Bereich der Wahrheit. Die Freiheit ist deshalb nur Grund der inneren Möglichkeit der Richtigkeit, "weil sie ihr eigenes Wesen aus dem ursprünglicheren Wesen der einzig wesentlichen Wahrheit empfängt" (a. a. O. S. 15).
Freiheit ist Freiheit für das Offenbare eines Offenen. Dem Offenbaren gleicht sich ein vorstellendes Aussagen als richtiges an. Das Offenbare ist das offene Seiende in einem offenständigen Verhalten. Die Freiheit zum Offenbaren eines Offenen west. Sie lässt das Seiende das Seiende sein, das es ist. Freiheit ist das Seinlassen von Seiendem.
Seinlassen heisst hier nicht verzichten auf etwas, sondern das Gegenteil: sich einlassen auf das Seiende. Das bedeutet: sich einlassen auf das Offene und dessen Offenheit. Dieses Offene hat nach Heidegger das abendländische Denken anfänglich begriffen als τὰ ἀληθέα , das Unverborgene. Auch will Heidegger ἀλήθεια nicht durch Wahrheit, sondern durch Unverborgenheit übersetzen. Damit will er im Sinne der Richtigkeit der Aussage "um- und zurückdenken in jenes noch Unbegriffene der Entborgenheit und der Entbergung des Seienden" (a.a.O. S. 16).

Das Sicheinlassen auf die Entborgenheit entfaltet sich zu einem Zurücktreten vor dem Seienden. Damit kann sich dieses offenbaren als das, was und wie es ist. Und die vorstellende Angleichung kann ihr Richtmass dem Seinlassen als Sicheinlassen entnehmen. Das Seinlassen setzt sich dem Seienden aus "und versetzt alles Verhalten ins Offene" (WdW, S. 16). Das Sein-lassen ist die Freiheit. Als Freiheit ist das Sein-lassen in sich aus-setzend, ek-sistent.
Im ek-sistenten Sich-einlassen wird die Entborgenheit selbst verwahrt. Durch das ek-sistente Sich-einlassen ist die Offenheit des Offenen, das 'Da', was es ist. Aus dem Wesensgrund im Da-sein vermag der Mensch zu ek-sistieren. Ek-sistenz heisst hier nicht Vorhandensein und nicht sittliche Bemühung des Menschen um sein Selbst, sondern: in der Wahrheit frei aussetzend sein. "Die in der Wahrheit als Freiheit gewurzelte Ek-sistenz ist die Aus-setzung in die Entborgenheit des Seienden als eines solchen" (a.a.O. S. 17).
In diesem Zusammenhang erwähnt Heidegger, die Ek-sistenz des geschichtlichen Menschen fange zu der Zeit an, da der erste Denker sich fragend der Unverborgenheit des Seienden stelle mit der Frage, was das Seiende sei. "In dieser Frage wird erstmals die Unverborgenheit erfahren" (a.a.O. S. 17). Aus dem Fragen nach dem Seienden als solchem beginnt Geschichte. Das Seiende als solches im Ganzen enthüllt sich als φύσις in der Bedeutung des aufgehenden Anwesens. " φύσις haben

die Römer mit natura übersetzt; natura von nasci geboren werden, entstammen, griech. γεν -; natura - was aus sich entstammen lässt" (Vom Wesen und Begriff der Φύσις /Wegmarken, S. 309).
Wo das Seiende sekbst in seine Unverborgenheit gehoben und verwahrt wird, fängt Geschichte an. "Die anfängliche Entbergung des Seienden im Ganzen, die Frage nach dem Seienden als solchem und der Beginn der abendländischen Geschichte sind dasselbe und gleichzeitig in einer 'Zeit', die selbst unmessbar erst das Offene für jegliches Mass eröffnet" (WdW, S. 17).
Das Seinlassen von Seiendem gewährt den Bezug zu einem Seienden im Ganzen. Das ek-sistente, entbergende Dasein begründet alle Geschichte. Es befreit den Menschen zu seiner Freiheit. Sie stellt ihm Seiendes zur Wahl und trägt ihm Seiendes auf. Der Mensch besitzt die Freiheit nicht, sie besitzt ihn, und zwar ursprünglich. Ek-sistent, ent-bergend ist der Mensch ge-schichtlich.
Im Sinne, im Verständnisbereich der Entbergung von Seiendem, vollzieht die seinlassende Freiheit das Wesen der Wahrheit. Die Wahrheit "ist die Entbergung des Seienden, durch die eine Offenheit west. In ihr Offenes ist alles menschliche Verhalten und seine Haltung ausgesetzt. Deshalb i s t der Mensch in der Weise der Ek-sistenz" (a.a.O. S. 18).
Die Verhaltenheit des Sein-lassens, d.h. die Freiheit, muss dem Menschen "jene Mitgift der inneren Weisung zur Angleichung des Vorstellens an das jeweilige Seiende verliehen haben. Der Mensch ek-sistiert, heisst jetzt: die Geschichte der Wesensmöglichkeiten eines geschichtlichen Menschentums ist ihm verwahrt in der Entbergung des Seienden im Ganzen. Aus der Weise, wie das ursprüngliche Wesen der Wahrheit west, entspringen die seltenen und einfachen Entscheidungen der Geschichte" (WdW, S. 18). Die historische Erschliessung von Geschichte ist an ihr selber "ihrer ontologischen Struktur nach in der Geschichtlichkeit des Daseins verwurzelt" (SuZ, S. 392).
Das Sein des Daseins ist geschichtlich, d.h. offen auf dem Grunde der exstatischhorizontalen Zeitlichkeit. Die Zeitlichkeit als der existenziale Seinssinn der Sorge ist das Fundament der Historie. Die historische Wahrheit versteht sich aus der "eigentlichen Erschlossenheit ('Wahrheit') der geschichtlichen Existenz" (SuZ, S. 397).
Im Wesen ist die Wahrheit Freiheit. Somit kann der geschichtliche oder zeitlich offenständige Mensch das Seiende auch n i c h t das Seiende sein lassen, was und wie es ist. Dann wird das Seiende verdeckt und verstellt. "Der Schein kommt zur Macht. In ihr gelangt das Unwesen der Wahrheit zum Vorschein" (WdW, S. 18).

Als Eigentum der Freiheit ek-sitiert der Mensch. Die ek-sistente Freiheit macht das Wesen der Wahrheit aus. Das Unwesen der Wahrheit kann demnach nicht dem Unvermögen des Menschen entspringen. Aus dem Wesen der Wahrheit muss die Unwahrheit kommen. Wahrheit und Unwahrheit gehören im Wesen zusammen. Die Besinnung auf die Unwahrheit gehört in den Bezug zur Wesensenthüllung der Wahrheit. Die Er-örterung des Unwesens der Wahrheit ist "der entscheidende Schritt in die zureichende Ansetzung der F r a g e nach dem Wesen der Wahrheit" (a.a.O. S. 19).
Das Wesen der Wahrheit ist Freiheit. Freiheit ist das ek-sistente, entbergende Seinlassen des Seienden. Auf das Seiende im Ganzen hat die Freiheit alles Verhal-

ten abgestimmt. Die Gestimmtheit oder Stimmung, d.h. ek-sistente Ausgesetztheit in das Seiende im Ganzen, kann 'erlebt' werden, weil der 'erlebende' Mensch in eine Gestimmtheit für das Entbergen des Seienden im Ganzen eingelassen ist. Jedes Verhalten des geschichtlichen Menschen ist durchstimmt von der Offenbarkeit des Seienden im Ganzen. Das ist nicht die Summe des eben bekannten Seienden. Im "Platten und Glatten des Alleskennens und Nurkennens verflacht sich die Offenbarkeit des Seienden in das scheinbare Nichts des nicht einmal mehr Gleichgültigen, sondern nur noch Vergessenen" (a.a.O. S. 20). Die Offenbarkeit des Seienden im Ganzen, die entbergende Ausgesetztheit in es, kann bei Menschen, für die Seiendes wenig bekannt ist, wesentlicher walten.

Das stimmende Seinlassen greift durch alles offenständige Verhalten hindurch. Aus dem jeweils gerade offenbaren Seienden aber lässt sich die Offenbarkeit des Seienden im Ganzen nie fassen. Im alltäglichen Gesichtsfeld des Rechnens erscheint nämlich das 'im Ganzen' als das Unberechenbare und Ungreifbare. Alles stimmend, bleibt es das Unbestimmbare und Unbestimmte. Dieses Stimmende ist "nicht nichts, sondern eine Verbergung des Seienden im Ganzen. Gerade indem das Seinlassen im einzelnen Verhalten je das Seiende sein lässt, zu dem es sich verhält, und es damit entbirgt, verbirgt es das Seiende im Ganzen. In der ek-sistenten Freiheit des Da-seins ereignet sich die Verbergung des Seienden im Ganzen, ist die Verborgenheit" (a.a.O. S. 20).

Verborgenheit ist Un-entborgenheit "und somit die dem Wahrheitswesen eigenste und eigentliche Un-wahrheit" (a.a.O. S. 21). Die eigentliche Un-wahrheit, die Verborgenheit des Seienden im Ganzen, ist älter als jede Offenbarkeit von Seiendem. Die Un-wahrheit ist auch älter als das Seinlassen selber, das "entbergend schon verborgen hält und zur Verbergung sich verhält" (ebd.).

Die Verbergung erscheint als das erstlich Verborgene. Im sich aussetzenden Entbergen, im Ek-sistieren verwahrt das Da-sein die erste Un-entborgenheit, die eigentliche Un-wahrheit. Die Verbergung des Verborgenen ist das eigetliche Unwesen der Wahrheit oder das Geheimnis. Das Geheimnis ist die Verbergung des Verborgenen im Ganzen.

Geheimnis als Un-wesen meint hier das vor-wesende Wesen. Das Un-wesen bleibt aber dem Wesen wesentlich. Nie wird es unwesentlich im Sinne des Gleichgültigen. Immer behält es im Bereich des Seinsverständnisses Geltung. "Das eigentliche Unwesen der Wahrheit ist das Geheimnis" (a.a.O. S. 21).

Heidegger erwähnt, dass solche Sprache dem konventionellen Meinen paradox erscheine, vorbei an der Meinung von Wesen und Unwesen, von Wahrheit und Unwahrheit.

Für den Wissenden indes "deutet das 'Un-' des anfänglichen Un-wesens der Wahrheit als der Un-wahrheit in den noch nicht erfahrenen Bereich der Wahrheit des Seins (nicht erst des Seienden)" (a.a.O. S. 22). Noch nicht erfahrene Wahrheit von Sein ist Un-wahrheit.

Die Weisung zur Entbergung von Seiendem empfängt alles Verhalten aus dem sich nicht verschliessenden Verhältnis, d.h. aus der Freiheit. In diesem Verhältnis gründet alles Verhalten. Sich selber aber verbirgt dieses Verhältnis zur Verbergung. Es lässt die Verbergung des Verborgenen vergessen, verborgen werden, und verliert sich in der Vergessenheit.

Das griechisch erfahrene Wesen der Vergessenheit beruht in einer Verborgenheit,

die sich selber verbirgt. "Sie ist am Ende, d.h. aus dem Beginn ihres Wesens her nichts Negatives, sondern als Ver-bergung vermutlich ein Bergen, das noch Unentborgenes verwahrt" (Zur Seinsfrage, S. 34).
Zur Sache des Seins gehört die Vergessenheit. Sie waltet als Geschick des Wesens des Seins. "Die recht bedachte Vergessenheit, die Verbergung des noch unentborgenen Wesens (verbal) des S̶e̶i̶n̶s̶, birgt ungehobene Schätze und ist das Versprechen eines Fundes, der nur auf das gemässe Suchen wartet" (a.a.O. S. 35). Der Mensch, der sich ständig zu Seiendem verhält, "ist in seinem Wesen das Gedächtnis des Seins, aber des S̶e̶i̶n̶s̶. Dies sagt: das Menschenwesen gehört mit zu dem, was in der kreuzweisen Durchstreichung des Seins das Denken in den Anspruch eines anfänglicheren Geheisses nimmt. An-wesen gründet in der Zu-wendung, die als solche das Menschenwesen in sie verwendet, dass es für sie sich verschwende" (a.a. O. S. 31).
Im beständigen Verhalten zu Seiendem begnügt sich der Mensch meist mit "diesem oder jenem Seienden und seiner jeweiligen Offenbarkeit" (WdW, S. 22). Auch da, wo es das Erste und Letzte gilt, hält sich der Mensch im Gangbaren und Beherrschbaren. Aus dem Umkreis des Gangbaren lässt er sich desgleichen anweisen, wenn er die Offenbarkeit des Seienden in den Bezirken seines Tuns und Lassens zu erweitern, zu ändern und zu sichern sucht.
Dieses Daheimsein im Gängigen ist in sich "das Nicht-walten-lassen der Verbergung des Verborgenen" (ebd.). Freilich gibt es auch im Gangbaren Unaufgeklärtes und Fragliches. Aber diese Fragen sind nur Pässe und Stationen für die Wege im Gangbaren und daher nicht wesentlich. Die Verbergung als Grundgeschehnis ist vergessen, wo die Verborgenheit des Seienden im Ganzen nur als gelegentliche Grenze ankommt.
Das vergessene Geheimnis des Daseins wird aber durch die Vergessenheit nicht beseitigt. Die Vergessenheit lässt das scheinbare Abgleiten des Vergessenen anwesen. Indem die Verbergung des Verborgenen oder das Geheimnis sich in der Vergessenheit und für die Vergessenheit versagt, lässt sie den geschichtlichen Menschen "in seinem Gangbaren bei seinen Gemächten stehen" (a.a.O. S. 23).

So, des Seienden im Ganzen vergessend, holt sich ein Menschentum für seine 'Welt' aus den je neuesten Bedürfnissen, ausgefüllt mit seinen Planungen, seine Masse. Auf diesen Massen beharrt der Mensch und fügt neue an, ohne dass er den Grund der Mass-nahme und das Wesen der Mass-gabe bedenkt. Trotz Fortschritts zu neuen Massen und Zielen versieht er sich in der Wesensechtheit seiner Masse. Je mehr er sich selber zum Mass für alles Seiende nimmt, vermisst er sich.

Offenbar widersetzt sich Heidegger Protagoras, der sagt: "Der Mensch ist das Mass aller Dinge; der seienden, dass sie sind, der nicht seienden, dass sie nicht sind" (Fragmente Diels-Kranz, S. 122). Die vermessene Vergessenheit des Menschentums insistiert nach Heidegger "auf der Sicherung seiner selbst durch das ihm jeweils zugängige Gangbare" (WdW, S. 23). Dieses Beharren auf dem Gängigen stützt sich auf das Verhältnis, "als welches das Dasein nicht nur ek-sistiert, sondern zugleich insistiert, d.h. sich versteifend auf dem besteht, was das wie von selbst und an sich offene Seiende bietet" (ebd.). Ek-sistent, d.h. in die Entborgenheit aussetzend, ist der Mensch insistent oder beharrend, verbergend. Auch in der behar-

renden Existenz waltet die Verbergung des Verborgenen oder das Geheimnis, aber als das vergessene und also 'unwesentlich' gewordene, d.h. in die Unerfahrenheit versenkte Wesen der Wahrheit. "Die Vergessenheit des Seins gehört in das durch sie selbst verhüllte Wesen des Seins" (Holzwege, S. 336).
Je dem Gängigsten ist der sich versteifend beharrende Mensch zugewendet. Aber er beharrt nur als der Entbergende, indem er das Seiende als Richtmass nimmt. Im Massnehmen ist aber das Menschentum von der Verbergung des Verborgenen weggewendet. Die insistente Zuwendung zum Gangbaren und die eksistente Wegwendung vom Geheimnis gehören zusammen. Jene Insistenz und diese Eksistenz sind identisch. Das Zu- und Weg- entspricht einer Wende des Hin und Her im menschlichen Wesensbereich. Weg vom Geheimnis und hin zum Gangbaren, fort vom Gängigen und vorbei am Geheimnis, das ist das Irren.
Das Goethewort "Es irrt der Mensch, so lang er strebt" könnte auch von Heidegger stammen. Immer geht der Mensch in der Irre, "weil er ek-sistent in-sistiert" (WdW, S. 24). Die Irre gehört zur inneren Verfassung des Daseins, "in das der geschichtliche Mensch eingelassen ist" (ebd.). In der Wende Spielraum, d.h. in der Irre, vergisst und vermisst sich die in-sistente Ek-sistenz wendig stets neu. Die Verbergung waltet in der Entbergung, die als Vergessenheit zur Irre wird.

"Die Irre ist das wesentliche Gegenwesen zum anfänglichen Wesen der Wahrheit. Die Irre öffnet sich als das Offene für jegliches Widerspiel zur wesentlichen Wahrheit. Die Irre ist die offene Stätte und der Grund des I r r t u m s " (a.a.O. S. 24). Königlich herrscht der Irrtum in der Geschichte aller Modi des Irrens.
Je seinen Modus des Irrens hat jedes offenständige Verhalten gemäss seinem Bezug zum Seienden im Ganzen. Vom Sich-versehen bis zum Sich-versteigen im Wesentlichen und Entscheidenden geht der Irrtum. Irrtum als Unrichtigkeit des Urteils und Falschheit der Erkenntnis ist nach Heidegger nur eine und dabei die oberflächlichste Weise des Irrens. Die Irre, die den Menschen beirrt, durchherrscht ihn. In der Irre muss jeweils ein geschichtliches Menschentum gehen, "damit sein Gang irrig sei" (WdW, S. 24). So aber fügt die Irre wesentlich mit die Offenheit des Daseins. Als Beirrung schafft die Irre an der Möglichkeit mit, die der Mensch aus der Eksistenz zu heben vermag. Es ist die Möglichkeit, sich n i c h t beirren zu lassen. Dies kann sein, "indem er die Irre selbst erfährt und sich nicht versieht am Geheimnis des Da-seins" (a.a.O. S. 25).
Weil die sich versteifende Entbergung des Menschen in der Irre geht und weil die Irre beirrend bedrängt und aus dieser Bedrängnis der Verbergung des Verborgenen möglich und mächtig ist, deshalb ist unser Da-sein in der Ek-sistenz unseres Daseins dem Walten des Geheimnisses und dem Bedrängen der Irre zugleich untertan. Durch beide ist unser Menschsein in der Not der Nötigung. Das volle Wesen der Wahrheit, welches sein Unwesen einschliesst, hält das Dasein mit der Wende des Hin und Her in die Not. "Das Dasein ist die Wendung in die Not" (a.a.O. S. 25). Dem Dasein allein entspringt die Entbergung der Notwendigkeit.
"Die Entbergung des Seienden als eines solchen ist in sich zugleich die Verbergung des Seienden im Ganzen" (ebd.). Im Zugleich von Entbergung und Verbergung waltet die Irre. Das Geheimnis und der Grund des Irrtums gehören ins anfängliche Wesen der Wahrheit. Die Freiheit oder das Seinlassen des Seienden, begriffen aus der insistenten Ek-sistenz des Daseins, ist das Wesen der Wahrheit im Sinne der Richtig-

keit des Vorstellens darum, weil die Freiheit dem Walten des Geheimnisses in der Irre entstammt. Das Walten des Geheimnisses in der Irre ist das anfängliche Wesen der Wahrheit.
Im offenständigen Verhalten waltet das Seinlassen des Seienden, sofern es "in seinem anfänglichen Wesen übernommen wird." Dann ist die Entschlossenheit zum Geheimnis unterwegs in die Irre als solche. Dann wird die Frage nach dem Wesen der Wahrheit ursprünglicher gefragt. Dann enthüllt sich der Grund der Verflechtung des Wesens der Wahrheit mit der Wahrheit des Wesens. Der Ausblick in das Geheimnis aus der Irre ist das Fragen im Sinne der einzigen Frage, was das Seiende als solches in Ganzen sei. Dieses Fragen denkt die wesentlich beirrende und daher in ihrer Mehrdeutigkeit noch nicht gemeisterte Frage nach dem S e i n des Seienden" (a.a.O. S. 26).
Im Begriff des 'Wesens' denkt die Philosophie, d.h. die universale phänomenologische Ontologie, das Sein. Im Wesen der Wahrheit denkt sie nicht das 'Generelle einer abstrakten Allgemeinheit', sondern "das sich verbergende Einzige der einmaligen Geschichte der Entbergung des 'Sinnes' dessen, was wir das Sein nennen und seit langem nur als das Seiende im Ganzen zu bedenken gewohnt sind" (a.a.O. S. 28).
Das Sein der Wahrheit fasst Heidegger in ursprünglichem Zusammenhang mit dem Dasein. "Die Frage nach dem Wesen der Wahrheit entspringt aus der Frage nach der Wahrheit des Wesens" (WdW, S. 28). Die Frage nach der Wahrheit des Wesens versteht Wesen verbal. Sie denkt in diesem Wort," noch innerhalb des Vorstellens der Metaphysik verbleibend, das Seyn als den waltenden Unterschied von Sein und Seiendem. Wahrheit bedeutet lichtendes Bergen als Grundzug des Seyns. Die Frage nach dem Wesen der Wahrheit findet ihre Antwort in dem Satz: das Wesen der Wahrheit ist die Wahrheit des Wesens" (ebd.). Innerhalb der Geschichte des Seyns ist die Antwort auf die Frage nach dem Wahrheitswesen "die Sage einer Kehre" (a.a. O. S. 29). Weil zum Seyn lichtendes Bergen gehört, erscheint Seyn anfänglich im Licht des verbergenden Entzugs. Der Name dieser Lichtung ist $\dot{\alpha}\lambda\dot{\eta}\theta\epsilon\iota\alpha$" (ebd.).

Eine Nähe zur Wahrheit des Seins bereitet sich erst aus dem Da-sein vor. "Sein - nicht Seiendes - 'gibt' es nur, sofern Wahrheit ist. Und sie ist nur, sofern und solange Dasein ist" (SuZ, S. 230). Als Seinsart des Daseins ist alle Wahrheit als Entdecken relativ auf das Sein des Daseins. An ihm selbst kann Dasein Seiendes entdecken und freigeben.

7. Das Sein des Daseins ist Sorge

Das Dasein ist sich je schon vorweg. Dieses Sich-vorweg-sein charakterisiert das In-der-Welt-sein. Es geht dem Dasein um sein Sein selber, es geht ihm um sein In-der-Welt-sein-können und darin "um das umsichtig entdeckende Besorgen des innerweltlich Seienden" (SuZ, S. 228). Das "es geht um ..." fasst Heidegger als das Sich-vorweg-sein des Daseins (a.a.O. S. 192). Das Sich-vorweg-sein meint: Sich-vorweg-im-schon-sein-in-einer-Welt (ebd.). "Das Sein des Daseins besagt: Sich-vorweg-schon-sein-in-(der-Welt-) als Sein-bei (innerweltlich begegnendem Seienden)" (ebd.). Der Titel Sorge gilt hier rein ontologisch-existenzial. Nach dem

Sinn der Sorge fragen heisst also danch fragen, was die Ganzheit des gegliederten Strukturganzen der Sorge ermögliche.
Der Sinn der Sorge macht das Sein des Seinkönnens aus. Der Sinn der Sorge ist der Sinn des Seins, um das es dem Dasein geht. Im Entwurf des Seins, d.h. aus dem Woraufhin wird Seiendes, als Sein im vorhinein erschlossen, verständlich. Das sich verstehende Dasein ist der Seinssinn des Daseins.
Die Seinsganzheit des Daseins als Sorge, das Sich-vorweg-schon-sein in einer Welt als Sein bei innerweltlich begegnendem Seienden erweist, dass die ursprüngliche Einheit der Sorgestruktur in der Zeitlichkeit liegt. "Zeitlichkeit enthüllt sich als der Sinn der eigentlichen Sorge" (SuZ, S. 326).
Das Sich-vorweg gründet in der Zukunft, das Schon-sein-in ... in der Gewesenheit, das Sein-bei ... in der Gegenwart.
Das in der Zukunft gründende Sichentwerfen auf das 'Umwillen seiner selbst' ist ein Wesenscharakter der Existenzialität, d.h. des Zusammenhanges jener Strukturen, die Existenz konstituieren. Der primäre Sinn der Existenzialität ist die Zukunft.
Aus der Zukunft zeitigt sich die ursprüngliche Zeitlichkeit, "so zwar, dass sie zukünftig gewesen allererst die Gegenwart weckt" (a.a.O. S. 329). "Die Zeitlichkeit ermöglicht die Einheit von Existenz, Faktizität und Verfallen und konstituiert so ursprünglich die Ganzheit der Sorgestruktur" (a.a.O. S. 328). Zeitlichkeit 'ist' der Sinn der Sorge.
Als geworfenes Faktum findet sich das Dasein. In der Befindlichkeit wird es "von ihm selbst überfallen als das Seiende, das es, noch seiend, schon war, das heisst gewesen ständig ist. Der primäre existenziale Sinn der Faktizität liegt in der Gewesenheit ... Entschlossen hat sich das Dasein aus dem Verfallen zurückgeholt, um desto eigentlicher im "Augenblick" auf die erschlossene Situation "da" zu sein" (ebd.). Als Gegenwart kann die Entschlossenheit sein, was sie ist: das Begegnenlassen des handelnd zu Ergreifenden.
Geworfenheit, Entwurf und Verfallen sind in der Sorge, im Sein des Daseins.

Das Dasein ist aufgerufen durch einen Anruf aus dem Verfallen, es ist angerufen im Schon-sein-bei der besorgten Welt. Das Dasein ist das Aufgerufene, aufgerufen zu seinem eigensten Seinkönnen im Sich-vor-weg-schon-sein. Das Dasein ist der Rufer, der sich ängstigt in der Geworfenheit, im Schon-sein-in-der-Welt.
Das Dasein ruft sich selbst. Es ruft sich im Gewissen. Das Gewissen, das sich nicht zu Worten bringt, das ständig im Modus des Schweigens redet, redet hell und bestimmt. "Das Gewissen offenbart sich als Ruf der Sorge" (SuZ, S. 277).

8. Die Sorge ist Sein zum Tode

Das primäre Moment der Sorge, das Sich-vorweg besagt, dass Dasein je umwillen seiner selbst existierte. Bis zu seinem Ende verhält sich das Dasein zu seinem Seinkönnen. Bis zu seinem Ende steht im Dasein etwas aus, "was als Seinkönnen seiner selbst noch nicht 'wirklich' geworden ist. Im Wesen der Grundverfassung des Daseins liegt demnach eine ständige Unabgeschlossenheit" (SuZ, S. 236).

Es ist unmöglich, Dasein als seiendes Ganzes ontisch zu erfahren, d.h. durch Existenz bestimmt zu erleben. So ist es auch unmöglich, das Dasein in seinem Ganzsein ontologisch, d.h. in der Weise des Verstehens von Sein zu bestimmen. Nicht das Erkenntnisvermögen, sondern das Sein dieses Seienden verunmöglicht 'dieses' Erfahren und Bestimmen.
Mit dem Erreichen der Gänze des Daseins im Tode ist ineins der Verlust des Seins des Da gegeben. Wenn am Dasein nichts mehr aussteht, 'ist' es Nicht-mehr-dasein. Der Uebergang zum Nichtmehrdasein verunmöglicht die verstehende Erfahrung dieses Ueberganges. Sterben ist das Aus-der-Welt-gehen. Das Nicht-mehr-in-der-Welt-sein des Gestorbenen ist ein Sein im Sinne des "Nur-noch-vorhandenseins eines begegnenden Körperdinges. Am Sterben der Anderen kann das merkwürdige Seinsphänomen erfahren werden, das sich als Umschlag eines Seienden aus der Seinsart des Daseins (bzw. des Lebens) zum Nichtmehrdasein bestimmen lässt. Das Ende des Seienden qua Dasein ist der Anfang dieses Seienden qua Vorhandenen" (SuZ, S. 238). Aber die nochbleibende Leiche ist kein pures Körperding. Sie ist "noch möglicher Gegenstand der pathologischen Anatomie, deren Verstehenstendenz an der Idee von Leben orientiert bleibt. Das Nur-noch-Vorhandene ist 'mehr' als ein lebloses materielles Ding. Mit ihm begegnet ein des Lebens verlustig gegangenes Unlebendiges" (a.a.O. S. 238).
Der Verstorbene ist im Gegensatz zum Gestorbenen Gegenstand des "Besorgens" bei Totenfeier, Begräbnis und Gräberkult. Dies daher, weil der Verstorbene 'noch mehr' ist als nur besorgbares umweltlich zuhandenes Zeug. Mit dem Verstorbenen sind die Hinterbliebenen im Modus ehrender Fürsorge, da sie des Toten trauernd gedenken. In solchem Mitsein ist der Verstorbene selbst faktisch nicht mehr, 'da'. Aus unserer 'Welt' her, welcher der Tote nicht mehr zugehört, können die Bleibenden mit ihm sein.
Nie im genuinen Sinne erfahren wir das Sterben der Anderen, höchstens immer nur 'dabei'. "Keiner kann dem Anderen sein Sterben abnehmen" (a.a.O. S. 240). Nicht einmal, wer für einen Mitmenschen in den Tod geht, kann ihm den Tod abnehmen. Der sich Opfernde kann wohl des anderen Menschen Tod mit dem 'jetzigen' Selbsterleiden des Letzten hinausschieben, bestimmt um eines ausgezeichneten Worum willen. Der Tod selber ist wesensmässig je der meine. "Am Sterben zeigt sich, dass der Tod ontologisch durch Jemeinigkeit und Existenz konstituiert wird" (a.a.O. S. 240).
Das Dasein hat die Seinsmöglichkeit Tod selbst zu übernehmen. Der Tod ist die Möglichkeit des Nicht-mehr-dasein-könnens. Das Seinkönnen überholt die Möglichkeit des Todes nicht. "Der Tod ist die Möglichkeit der schlechthinnigen Daseinsunmöglichkeit. So enthüllt sich der Tod als die eigenste, unbezügliche, unüberholbare Möglichkeit. Als solche ist er ein ausgezeichneter Bevorstand" (SuZ, S. 250/51).
Wir Sterbliche haben Angst 'vor' dem Tode, dem eigensten, unbezüglichen und unüberholbaren Seinkönnen. "Das Wovor dieser Angst ist das In-der-Welt-sein selbst. Das Worum dieser Angst ist das Sein-können des Daseins schlechthin" (a.a.O. S. 251).
Das Sein zum Ende gehört wesenhaft zur Geworfenheit. Faktisch stirbt das Dasein, solange es existiert, zunächst aber in der Weise des Verfallens. Im verfallenden Sein bei ... meldet sich die Flucht vor dem eigensten Sein zum Tode. Existenz,

Faktizität und Verfallen charakterisieren das Sein zum Ende. Das Dasein hat nicht ein Ende, "an dem es nur aufhört, sondern existiert endelich"(SuZ, S. 329). Eine ständige Flucht vor dem Verfallen ist das alltägliche Sein zum Tode.
Dem Dasein geht es um es selbst, alltäglich und überhaupt. Ständig geht es ihm nach Heidegger um das eigenste, unbezügliche und unüberholbare Seinkönnen, "wenn auch nur im Modus des Besorgens einer unbehelligten Gleichgültigkeit g e g e n die äusserste Möglichkeit seiner Existenz" (SuZ, S. 254/55).
Das Sich-vorweg kommt nicht auf gegen das Sein zum Tode. Die Sorgestruktur ist keine Instanz gegen ein mögliches existentes Ganzsein. "Der Tod ist als Ende des Daseins im Sein dieses Seienden zu seinem Ende ... Das Sein zum Tode gründet in der Sorge" (a.a.O. S. 259).

9. Sein zum Tode ist Grund der Geschichtlichkeit des Daseins

Eine existenzielle Möglichkeit des Daseins ist das eigentliche Sein zum Tode. Eigentliches Sein zum Tode weicht vor der eigensten und unbezüglichen Möglichkeit nicht aus. Es verdeckt die Möglichkeit nicht in der Flucht und deutet sie nicht für die Verständigkeit des Man um. Das Man "ist das Niemand, dem alles Dasein im Untereinandersein sich je schon ausgeliefert hat" (SuZ, S. 128).
Der Tod beansprucht das Dasein als einzelnes. Diese Vereinzelung macht offenbar, dass alles Sein "versagt, wenn es um das eigenste Seinkönnen geht. Dasein kann nur dann eigentlich es selbst sein, wenn es sich von ihm selbst her dazu ermöglicht" (a.a.O. S. 263).
Die eigenste und unbezügliche Möglichkeit ist unüberholbar.
Die eigenste und unbezügliche und unüberholbare Möglichkeit ist gewiss.
Das Sichentwerfen auf die unüberholbare Möglichkeit des Daseins, den Tod, "verbürgt nur die Ganzheit und Eigentlichkeit der Entschlossenheit" (SuZ, S. 383). Die Entschlossenheit ist "das verschwiegene, angstbereite Sichentwerfen auf das eigene Schuldigsein" (a.a.O. S. 382).
Die Entschlossenheit erschliesst "die jeweiligen faktischen Möglichkeiten eigentlichen Existierens aus dem Erbe, das sie als geworfene übernimmt. Das entschlossene Zurückkommen auf die Geworfenheit birgt ein Sichüberliefern überkommener Möglichkeiten in sich, obzwar nicht notwendig als überkommener" (a.a.O. S. 383). Je eigentlicher sich das Dasein entschliesst, je klarer sich das Dasein im Vorlaufen in den Tod, d.h. im verstehenden Sein zum Ende, auffasst, umso eindeutiger ist das "Finden der Möglichkeit seiner Existenz" (a.a.O. S. 384). Nur Freisein für den Tod gibt dem Dasein sein Ziel. Die ergriffene Endlichkeit der Existenz reisst uns aus dem Leichtnehmen, aus dem 'Unsdrücken' und bringt uns in die Einfachheit unseres Schicksals. Schicksal ist "das in der eigentlichen Entschlossenheit liegende ursprüngliche Geschehen des Daseins, in dem es sich frei für den Tod ihm selbst in einer ererbten, aber gleichwohl gewählten Möglichkeit überliefert" (ebd.).
In der sich überliefernden Entschlossenheit schicksalhaft existierend, ist das Dasein als In-der-Welt-sein für das Kommen 'glücklicher' Umstände und grausamer Zufälle erschlossen. Aber auch der Unentschlossene wird durch das Zusammenstossen von Umständen umgetrieben "und kann gleichwohl kein Schicksal 'haben'"

(ebd.).

Wenn das schicksalhafte Dasein, das vorlaufend den Tod in sich mächtig und sich für ihn frei ohnmächtig werden lässt, wenn dieses Dasein wesenhaft im Mitsein mit andern Menschen existiert, ist sein Geschehen ein Mitgeschehen und als Geschick bestimmt. Geschick ist Geschehen der Gemeinschaft, des Volkes, der Völker. "Im Miteinandersein in derselben Welt und in der Entschlossenheit für bestimmte Möglichkeiten sind die Schicksale im vornhinein schon geleitet. In der Mitteilung und im Kampf wird die Macht des Geschickes erst frei. Das schicksalhafte Geschick des Daseins in und mit seiner "Generation" macht das volle, eigentliche Geschehen des Daseins aus" (a.a.O. S. 384/85).

Wenn das Schicksal, die ohnmächtige Uebermacht des angstbereiten Sichentwerfens auf das eigene Schuldigsein, die eigentliche Geschichtlichkeit des Daseins konstituiert, dann hat die Geschichte ihr Gewicht "im eigentlichen Geschehen der Existenz, das aus der Zukunft des Daseins entspringt" (a.a.O. S. 386). Als Seinsweise des Daseins wurzelt die Geschichte in der Zukunft, in der Kunft, "in der das Dasein in seinem eigensten Seinkönnen auf sich zukommt" (a.a.O. S. 325). Der Tod als eigenste Möglichkeit des Daseins wirft die vorlaufende Existenz auf ihre faktische Geworfenheit zurück und "verleiht so erst der Gewesenheit ihren eigentümlichen Vorrang im Geschichtlichen. Das eigentliche Sein zum Tode, das heisst die Endlichkeit der Zeitlichkeit, ist der verborgene Grund der Geschichtlichkeit des Daseins" (SuZ, S. 386). Nicht erst in der Wiederholung wird Dasein geschichtlich, nein, w e i l Dasein als zeitliches geschichtlich ist, kann es in seiner Geschichte sich wiederholend übernehmen.

10. Das geschichtliche Dasein ist vom Sein angesprochen

Damit Geschichte möglich sei, ist dem Menschen die Sprache gegeben. "Sie ist ein Gut des Menschen" (Erläuterungen zu Hölderlins Dichtung, S. 34).
Dank der Sprache ist es möglich, inmitten der Offenheit von Seiendem zu stehen. Nur wo Sprache ist, ist Welt. Dasein ist In-der-Welt-sein. Nur wo Welt waltet, ist Geschichte. Dass der Mensch ein geschichtlicher s e i n kann, dafür steht die Sprache gut. In so ursprünglichem Sinne ist sie ein Gut. "Die Sprache ist nicht ein verfügbares Werkzeug, sondern dasjenige Ereignis, das über die höchste Möglichkeit des Menschseins verfügt" (Höld, S. 35).
Was der Mensch ist, beruht in seiner Ek-sistenz. "Der Mensch west so, dass er das 'Da', das heisst die Lichtung des Seins, ist. Dieses 'Sein' des Da, und nur dieses, hat den Grundzug der Ek-sistenz, das heisst des ekstatischen Innestehens in der Wahrheit des Seins" (Brief über den Humanismus, S. 15). "Der Satz: 'Der Mensch existiert' bedeutet: der Mensch ist dasjenige Seiende, dessen Sein durch das offenstehende Innestehen in der Unverborgenheit des Seins, vom Sein her, im Sein ausgezeichnet ist" (Was ist Metaphysik? S. 16). "Das Stehen in der Lichtung des Seins nenne ich die Ek-sistenz des Menschen" (Hum, S. 13).
In der Ek-sistenz wahrt das Wesen des Menschen die Herkunft seiner Bestimmung. Der Mensch allein ist in das Geschick der Ek-sistenz eingelassen. Nie aber sind Pflanze und Tier in die Lichtung des Seins gestellt. Darum fehlt ihnen die Sprache. Sprache ist ja in ihrem Wesen weder Aeusserung eines Organismus noch Ausdruck

eines Lebewesens, sondern "lichtend-verbergende Ankunft des Seins selbst" (a.a. O. S. 16).

Vom Sein selbst ist der Mensch in die Wahrheit des Seins 'geworfen', dass er "die Wahrheit des Seins hüte, damit im Lichte des Seins das Seiende als das Seiende, das es ist, erscheine" (a.a.O. S. 19). Ob und wie Göttliches, Geschichte und Natur in des Seins Lichtung hereinkommen, entscheidet nicht der Mensch. Ankunft von Seiendem beruht im Geschick des Seins. Der Mensch aber soll im Schicklichen seines Wesens dem Geschick des Seins entsprechen. Diesem gemäss hat er die Wahrheit des Seins zu hüten. "Der Mensch ist der Hirt des Seins" (a.a.O. S. 19).

III. KAPITEL.   IM DENKEN FINDET SICH DAS WORT FUER DAS SEIN

1. Das Sein ist nicht einfach zu sagen

Das Einzigartigste, was es überhaupt gibt, ist das Sein. Während alles Seiende, auch wenn es einzig ist, mit anderem verglichen werden kann, lässt sich das Sein mit nichts sonst vergleichen.
"Die Notwendigkeit, dass wir das Wort 'Sein' schon verstehen, ist die höchste und unvergleichbare" (Einführung in die Metapyhsik, S. 62).
Ohne ein Verständnis von Sein gäbe es keine Sprache. Es könnte sich nicht in Worten Seiendes als ein solches eröffnen, es könnte nicht Seiendes angesprochen und besprochen werden. "Denn Seiendes als ein solches sagen, schliesst in sich ein: Seiendes als Seiendes, d.h. dessen Sein im voraus verstehen" (a.a.O. S. 62).
"Prädikation muss, um möglich zu werden, sich in einem Offenbarmachen ansiedeln können, das nicht prädikativen Charakter hat. Die Satzwahrheit ist in einer ursprünglicheren Wahrheit (Unverborgenheit), in der vorprädikativen Offenbarkeit von Seiendem gewurzelt, die ontische Wahrheit genannt sei ... Enthülltheit des Seins ermöglicht erst Offenbarkeit von Seiendem. Diese Enthülltheit als Wahrheit über das Sein wird ontologische Wahrheit genannt" (Vom Wesen des Grundes, S. 12/13).
Ohne eine Bedeutung von Sein verstünden wir nicht, was diese Bedeutung meint. Ohne eine Bedeutung von Sein könnten wir nie Sagende sein. Ohne eine Bedeutung von Sein könnten wir nicht die sein, die wir sind. "Denn Menschsein heisst: ein Sagender sein" (EiM, S. 62). "Der Mensch ist der Sagende. Sagen, althochdeutsch sagan, bedeutet: zeigen, erscheinen- und sehen-lassen. Der Mensch ist das Wesen, das sagend das Anwesende in seiner Anwesenheit vorliegen lässt und das Vorliegende vernimmt. Der Mensch kann nur sprechen, insofern er der Sagende ist" (Hegel und die Griechen/Wegmarken, S. 270/71). "Sagen wir 'Sein', dann heisst dies: 'Sein des Seienden'. Sagen wir 'Seiendes', dann heisst dies: Seiendes hinsichtlich des Seins" (Was heisst Denken? S. 174). "Es brauchet das Vorliegenlassen so (das) In-die-Acht-nehmen auch: Seiendes seiend" (WhD? S. 175). Von dieser freien Heidegger Uebersetzung des noch zu erwähnenden Parmenideswortes her hört er den Menschen sagend vorliegen-lassen und vernehmen. Parmenides schrieb: χρῆ τὸ λέγειν τε νοεῖν τ' ἐὸν ἔμμεναι. Die gewöhnliche Uebersetzung ist: "Nötig ist zu sagen und zu denken, dass das Seiende ist" (WhD? S. 165).

Der Mensch ist Ja-und Neinsager, weil er im Grunde seines Wesens "der Sager ist. Das ist seine Auszeichnung und zugleich seine Not" (EiM, S. 62). "Der Mensch ist auf dem Sprunge, sich auf das Ganze der Erde und ihrer Atmosphäre zu stürzen, das verborgene Walten der Natur in der Form von Kräften an sich zu reissen und den Geschichtsgang dem Planen und Ordnen einer Erdregierung zu unterwerfen. Der selbe aufständige Mensch ist ausserstande, einfach zu sagen, was ist, zu sagen, was dies ist, dass ein Ding ist" (Holzwege, S. 343).

2. Das Sein ist in wesentlicherem Sinne auf das Wort angewiesen als jegliches Seiende

Unser Seinsverstehen hat eine eigene Bestimmtheit. Vom Sein her hat es seine gefügte Anweisung. Heidegger will zur Erhellung dieses Vom-Sein-her bei einem Sagen des Seins ansetzen und dabei auf das darin gesagte Sein selbst achten, denn es brauchet das Vorliegenlassen und das In-die-Acht-nehmen. "Wir wählen ein einfaches und geläufiges und beinahe lässiges Sagen, wobei das Sein in einer Wortform gesagt wird, deren Gebrauch so häufig ist, dass wir dies kaum noch bemerken. Wir sagen: 'Gott ist'. 'Die Erde ist'. 'Der Vortrag ist im Hörsaal'. 'Dieser Mann ist aus dem Schwäbischen'. 'Der Becher ist aus Silber'. 'Der Bauer ist aufs Feld'. 'Das Buch ist mir'. 'Er ist des Todes'... 'In den Weinbergen ist die Reblaus'. 'Der Hund ist im Garten'. 'Ueber allen Gipfeln / ist Ruh' " (EiM, S. 68).

Jedesmal ist das 'ist' anders gemeint. Dies erweist sich, wenn wir das Sagen des 'ist' so nehmen, wie es wirklich geschieht; wenn wir es so vernehmen, wie es vorliegt, nicht als Satzbeispiel einer Grammatik. So heisst das Vorliegende:
'Gott ist' wirklich gegenwärtig. 'Die Erde ist' ständig für uns vorhanden. 'Der Vortrag ist im Hörsaal'; dort findet er statt. 'Dieser Mann ist aus dem Schwäbischen'; er stammt dort her. 'Der Becher ist aus Silber' bestehend. 'Der Bauer ist aufs Feld'; dort hält er sich auf. 'Das Buch ist mir' zugehörig. 'Er ist des Todes'; er ist ihm verfallen ... 'In den Weinbergen ist die Reblaus' heimisch und "wirksam". 'Der Hund ist im Garten'; dort treibt er sich herum. 'Ueber allen Gipfeln / ist Ruh.'
In diesem letzten Satz lässt sich nach Heidegger das 'ist' gar nicht umschreiben. Goethe soll dieses 'ist' in jene wenigen Verse mit Bleistift an den Fensterpfosten eines Bretterhäuschens geschreiben haben.
"Seltsam, dass wir hier mit der Umschreibung schwanken, zögern, um sie dann schliesslich ganz zu lassen, nicht weil das Verstehen zu verwickelt und zu schwierig wäre, sondern weil der Vers so einfach gesat ist, noch einfacher und einziger als jedes sonst geläufige 'ist', das sich uns unbesehen fortgesetzt ins alltägliche Sagen und Reden einmischt" (EiM, S. 68).
Das Wort 'Sein' verhält sich wesenhaft anders zum gesagten Sein als alle andern Haupt- und Zeitwörter zu dem in ihnen gesagten Seienden. "Das Sein selbst ist in einem ganz anderen und wesentlicheren Sinne auf das Wort angewiesen als jegliches Seiende" (EiM, S. 67).
Im 'ist' eröffnet sich das Sein in vielfältiger Weise. Das Sein ist kein leeres Wort. Dass das 'ist' in den genannten Beispielen vielfältig gemeint ist, liegt nicht im 'ist' selber, sondern am mannigfaltigen Sachgehalt der Aussagen, die je verschiedenes Seiendes betreffen: Gott, Erde, Vortrag, Mann, Becher, Bauer, Buch, Mann des Todes, Reblaus in den Weinbergem, Hund im Garten, Ruh über allen Gipfeln.

An sich bleibt das 'ist' unbestimmt. Gerade darum kann es zu so vielfältiger Verwendung bereitliegen, gerade darum kann es sich bestimmen. Die angeführten Bedeutungen beweisen, dass "das Sein unbestimmt sein muss, um bestimmbar zu sein" (a.a.O. S. 69).
Das 'ist', sagt Heidegger, springt uns im Sagen einfach zu. In den angeführten Aus-

sagen über Gott, Erde, Becher, über die Ruhe über den Gipfeln, bedeutet es:
wirklich gegenwärtig, ständig vorhanden, stattfinden, herstammen, bestehen,
sich aufhalten, zugehören, verfallen, heimisch und 'wirksam' sein, sich herum-
treiben, auftreten.
Wesenswidrig bleibt es nach Heidegger, aus den genannten Weisen des 'ist' eine
gemeinsame Bedeutung als allgemeinen Gattungsbegriff herauszuheben. Trotzdem
durchzieht alle ein einheitlich bestimmter Zug. "Er weist das Verstehen von 'sein'
auf einen bestimmten Horizont, aus dem her sich das Verständnis erfüllt. Die Be-
grenzung des Sinnes von 'Sein' hält sich im Umkreis von Gegenwärtigkeit und Anwesenheit, von Bestehen und Bestand, Aufenthalt und Vor-kommen" (A.a.O. S. 69).

"Sein heisst Beständigkeit in Anwesenheit" (Kant und das Problem der Metaphysik,
S. 217).
'Sein' gilt Heidegger als Infinitiv des 'ist'. 'Sein' hat eine Bestimmtheit, die unser
geschichtliches Dasein von jeher beherrscht, denn wir verdeutlichen uns den Infinitiv 'sein' spontan vom 'ist' her. So wird unser Suchen nach der Bestimmtheit der
Wortbedeutung 'Sein' "zu dem, was es ist, zu einer Besinnung auf die Herkunft unserer verborgenen Geschichte" (EiM, S. 70).

3. Ist Denken und Sein dasselbe?

"Dasselbe aber ist Denken und das Sein". Solche Uebersetzung des Parmenides-
satzes " τὸ γὰρ αὐτὸ νοεῖν ἐστίν τε καὶ εἶναι " ist nach Heidegger eine Missdeutung ins Ungriechische.
Νοεῖν heisst vernehmen. Vernehmen meint: hin-nehmen, auf einen zukommen
lassen, was sich zeigt, was erscheint. Vernehmen heisst auch: einen Zeugen vernehmen, ihn vornehmend den Tatbestand aufnehmen, fest-stellen, wie es mit der
Sache steht. In diesem Doppelsinn des νοεῖν liegt das "aufnehmende Zum-stehen-
bringen des Erscheinenden" (EiM, S. 105). Vom Vernehmen sagt der Satz des
Parmenides in gewohnter Uebersetzung, es sei dasselbe wie das Sein: τὸ αὐτό.
Hier, wo es um das Sagen von 'Sein' geht, meint Selbigkeit nicht leere Einerlei-
heit, nicht blosse Gleich-gültigkeit, sondern Einheit als "Zusammengehörigkeit
des Gegenstrebigen. Dies ist das ursprünglich Einige" (a.a.O. S. 106). τε καὶ
sagt Parmenides, weil Sein und Denken gegenstrebig einig sind, d.h. dasselbe als
zusammengehörig. Wo Sein waltet, waltet mit als zugehörig Vernehmung. Sein
sagt: im Licht stehen, erscheinen, in die Unverborgenheit treten. Vernehmung geschieht zugehörig mit als "aufnehmendes Zum-stehen-bringen des sich zeigenden
in sich Ständigen" (ebd.).
Martin Heidegger, der in seinem "Nietsche" schreibt, mit der Uebersetzung des
Griechischen ins Lateinische habe die Bodenlosigkeit des abendländischen Denkens
begonnen, erklärt hier, der genannte Spruch des Parmenides sei dadurch zum Leit-
satz der abendländischen Philosophie geworden, "dass er nicht mehr verstanden
wurde, weil seine ursprüngliche Wahrheit nicht festgehalten werden konnte" (EiM,
S. 111). Ursprüngliches muss die Möglichkeit haben, das zu sein, was es ist, nämlich Ursprung zu sein als Entspringen aus der Wesensverborgenheit. "Der Spruch
sagt nicht: 'Denken und Sein ist dasselbe', sondern er sagt: 'Zusammengehörig sind

Vernehmung wechselweise und Sein' " (ebd.).
Das Auseinandertreten von Vernehmung und Sein ist nach Heidegger der Ursprung der Scheidung von Sein und Denken. Dieser Ursprung zeigt, dass es um eine Bestimmung des Menschseins aus dem zu eröffnenden Wesen des Seins geht. Ja, die entscheidende Bestimmung des Menschseins vollzieht sich im Spruch: Zusammengehörig sind Vernehmung wechselweise und Sein. Das Wesen des Menschen ist als die Stätte zu begründen, die sich "das Sein zur Eröffnung ernötigt. Der Mensch ist das in sich offene Da" (a.a.O. S. 156).

4. Das Denken ist das Denken des Seins

Den Bezug des Seins zum Wesen des Menschen vollbringt das Denken. Es macht den Bezug nicht, es bringt ihn dar. Es bringt ihn dar als das, was ihm vom Sein übergeben ist. "Dieses Darbieten besteht darin, dass im Denken das Sein zur Sprache kommt" (Hum, S. 5). Das Denken lässt sich vom Sein in Anspruch nehmen. Wozu? Um die Wahrheit des Seins zu sagen. "Das Denken ist l'engagement durch und für die Wahrheit des Seins" (ebd.).
Vom Sein ereignet, gehört das Denken dem Sein. Dem Sein gehörend, hört das Denken auf das Sein.
Das Sein hat sich je geschicklich seines Wesens angenommen. Sich annehmen, sich eines Dinges in seinem Wesen annehmen heisst, es lieben, mögen. Dieses Mögen bedeutet ursprünglich: das Wesen schenken. Solches Mögen ist das Wesen des Vermögens, welches 'wesen', d.h. sein lassen kann. Das Vermögen lässt 'wesen', lässt sein. Aus dem Mögen des Vermögens vermag das Sein das Denken. Das Sein ermöglicht das Denken. Das Sein als das Element nennt Heidegger 'die stille Kraft' des mögenden Vermögens, des Möglichen. Unter der 'stillen Kraft des Möglichen' meint er nicht das possibile einer possibilitas, "nicht die potentia als essentia eines actus der existentia, sondern das Sein selbst, das mögend über das Denken und so über das Wesen des Menschen und das heisst über dessen Bezug zum Sein vermag. Etwas vermögen bedeutet hier: es in seinem Wesen wahren, in seinem Element einbehalten" (a.a.O. S. 8).

5. Das Sichgeben ins Offene ist das Sein selber

Das Sein ist dem Menschen näher als jedes Seiende; näher als ein Tier, ein Kunstwerk, eine Maschine. "Das Sein ist das Nächste. Doch die Nähe bleibt dem Menschen am weitesten. Der Mensch hält sich zunächst immer schon und nur an das Seiende. Wenn aber das Denken das Seiende als das Seiende vorstellt, bezieht es sich zwar auf das Sein. Doch es denkt in Wahrheit stets nur das Seiende als solches und gerade nicht und nie das Sein als solches" (Hum, S. 20). Auch im 'kritischen' Zuge von Descartes und Kant denkt die Philosophie nach Heidegger vom Seienden aus auf dieses zu,"im Durchgang durch einen Hinblick auf das Sein" (ebd.).

Die Wahrheit des Seins als die Lichtung selber bleibt der Metaphysik verborgen. Dieses Verborgensein ist freilich der Schatz ihres Reichtums. Die Verbergung

"des noch unentborgenen Wesens (verbal) des S~~eins~~ birgt ungehobene Schätze"
(Zur Seinsfrage, S. 35). "Die Lichtung selber aber ist das Sein" (Hum, S. 20).
So schreibt Heidegger, der im gleichen Brief erhellen lässt: "... der Mensch
west so, dass er das 'Da', das heisst die Lichtung des Seins, ist" (S. 15).

Die Lichtung lässt erhellen, woher innerhalb des Seinsgeschickes der Metaphysik
Anwesendes den Menschen be-rührt, so dass dieser erst im Vernehmen oder
νοεῖν an das Sein rühren kann.
Das Sein selber versammelt die Ek-sistenz als die Ortschaft der Wahrheit des
Seins zu sich. Inmitten des Seienden hält das Sein die Ek-sistenz an sich als an
ein Verhältnis. "Inmitten von Seiendem befindlich, zu Seiendem sich verhaltend,
existiert das menschliche Dasein" (Vom Wesen des Grundes, S. 37). Als der Ek-
sistierende kommt der Mensch in dieses Verhältnis zu stehen, als welches das
Sein sich selbst schickt. Ek-statisch steht es der Mensch aus, d.h. sorgend übernimmt er das Nächste "und hält sich an das Uebernächste. Er meint sogar, dieses
sei das Nächste. Doch näher als das Nächste und zugleich für das gewöhnliche Denken ferner als sein Fernstes ist die Nähe selbst: die Wahrheit des Seins" (Hum, S.
20/21).
Der Bezug des Menschenwesens zur Wahrheit des Seins ist, wie er ist, nicht auf
Grund der Ek-sistenz, "sondern das Wesen der Ek-sistenz ist existenzial-eksta-
tisch aus dem Wesen der Wahrheit des Seins" (a.a.O. S. 21). Ek-sistenz gründet
im Sein. Einen Grund hat nur Seiendes. "Das Sein jedoch, weil selber der Grund,
bleibt ohne Grund" (Der Satz vom Grund, S. 205).
Das Sein, das selbst der Grund ist, lässt gründend das Seiende ein Seiendes sein.
Anders wäre es nicht seiend. Im Satz vom Grund - nihil est sine ratione - spricht
ein Wort, das sagt: Sein und Grund: das Selbe. Das Wort vom Sein als Grund sagt:
Das Sein bleibt ohne Grund, d.h. ohne Warum.
Goethe sagt: '... Du halte dich ans Weil und frage nicht Warum?" (a.a.O. S. 206).
Das Weil ist ohne Warum. Es hat keinen Grund. Es ist selber Grund. "Das Weil
weist in das Wesen des Grundes. Ist jedoch das Wort vom Sein als dem Grund ein
wahres Wort, dann weist das Weil zugleich in das Wesen des Seins" (a.a.O. S. 207).
In seiner Schrift 'Vom Wesen des Grundes' schreibt Heidegger: "Die Freiheit ist
der Grund des Grundes" (S. 53).
Das Wort 'weil' ist verkürzt 'dieweilen'. 'Man muss das Eisen schmieden, weil es
warm ist.' 'Weil ' meint hier: dieweilen, d.h. solange (das Eisen warm ist) --
während. Weilen heisst: währen, still bleiben, an sich und innehalten, in der Ruhe
halten. Das Weil nennt das einfache Vorliegen. Es ist das Vorliegen ohne Warum,
das Vorliegen, woran alles liegt, darauf alles ruht. "Das Sein nennt den Grund.
Aber zugleich nennt das Weil als das Dieweilen das Währen: das Sein" (Der Satz
vom Grund, S. 208). Sein und Grund gehören zusammen. "Sein und Grund - im
Weil -: das Selbe" (ebd.).
Im Satz vom Grund - Nichts ist ohne Grund - spricht der Zuspruch des Wortes vom
Sein. Immer schon spricht sich dem abendländischen Menschen das Wort vom Sein
als dem Grund zu.
Ohne diesen Zuspruch gäbe es nicht das philosophische Denken. Ohne solches Den-
ken gäbe es keine abendländisch-europäische Wissenschaft, keine Freisetzung der
Atomenergie. "Allein der Zuspruch vom Wort im Sein als dem Grund bleibt lautlos

im Unterschied zur Verlautbarung des Grundsatzes in der nunmehr lärmenden, alles alarmierenden Gewalt seines Anspruches" (SvG, S. 209).
Auf uns kommt es an, sagt Heidegger. Aber nicht darauf, ob wir durch Atome leben, sondern "ob wir die Sterblichen sein können, die wir sind, nämlich die, die im Zuspruch des Seins stehen. "Es kommt darauf an, ob wir warten und wachen, dass über dem Lauten im Anspruch des principium rationis "die Stille des Zuspruches im Wort vom Sein obsiegt" (ebd.).
Ist der Mensch als γῶον λόγον (ἔχον) letztlich animal rationale? Ist er in letzter Bestimmung das rechnende Lebewesen? "Oder bleibt nicht das Wesen des Menschen, bleibt nicht seine Zugehörigkeit zum Sein, bleibt nicht das Wesen des Seins immer noch und immer bestürzender das Denkwürdige?" (a.a.O. S. 210).

Im Begriff des γῶον λόγον ἔχον, des animal rationale wird das Wesen des Menschen zu gering geachtet und nicht in seiner Herkunft gedacht. Es ist ein Denken von der animalitas her und nicht zur humanitas hin. Die Metaphysik verschliesst sich nach Heidegger dem Wesensbestand, "dass der Mensch nur in seinem Wesen west, in dem er vom Sein angesprochen wird" (Hum, S. 13). Nur aus diesem Anspruch 'hat' er 'Sprache' "als die Behausung, die seinem Wesen das Ekstatische wahrt" (ebd.). "Der Mensch ist nur Mensch, insofern er dem Zuspruch der Sprache zugesagt, für die Sprache, sie zu sprechen, gebraucht ist" (Sprache, S. 196).

Als Sprache west die Nähe eines unaufdringlichen Waltens. Es ist das geheimnisvoll bleibende Walten der Wahrheit des Seins. Verhüllt bleibt der Bezug der Wahrheit des Seins zum Menschen. Verhüllt bleibt auch das seinsgeschichtliche Wesen der Sprache, verhüllt im metaphysischen Sinne. Seinsgeschichtlich ist die Sprache vom Sein ereignet. Aus der Entsprechung zum Sein ist das Wesen der Sprache zu denken.
In der Sprache ek-sistiert wohnend der Mensch, indem er "der Wahrheit des Seins, sie hütend, gehört" (Hum, S. 22).
Nicht der Mensch ist das Wesentliche bei der Bestimmung der humanitas, der Menschlichkeit, sondern das Sein. Es ist das Sein "als die Dimension des Ekstatischen der Ek-sistenz. Die Dimension jedoch ist nicht das bekannte Räumliche. Vielmehr west alles Räumliche und aller Zeit-Raum im Dimensionalen, als welches das Sein selbst ist" (Hum, S. 22).

6. Am Zur-Sprache-kommen der Wahrheit des Seins ist alles gelegen

Das Stehen in der Lichtung des Seins nennt Heidegger die Ek-sistenz des Menschen. Hinausstehen in die Wahrheit des Seins ist dies. Vom Sein selber ist er in die Wahrheit des Seins 'geworfen', dass er entbergend diese Wahrheit hüte.
Das Sein, das Wahrheit schickt, bleibt verborgen. Der Mensch aber, der in der Geworfenheit ist, der Mensch als ek-sistierender Gegenwurf des Seins, ist Hirte des Seins. Dieser Mensch, der nicht Herr des Seienden, sondern Hüter des Seins ist, "gewinnt, indem er in die Wahrheit des Seins gelangt. Er gewinnt die wesenhafte Armut des Hirten, dessen Würde darin beruht, vom Sein selbst in die Wahrnis seiner Wahrheit gerufen zu sein" (Hum, S. 29).

In seinem seinsgeschichtlichen Wesen wohnt der Mensch, dank seinem Sein als
Ek-sistenz, in der Nähe des Seins. Er ist der Nachbar des Seins.
Denkt solches Denken nicht die Humanitas des homo humanus? Es denkt den Humanismus, welcher "die Menschheit des Menschen aus der Nähe zum Sein denkt"
(ebd.). Ek-sistenz als Sein des Menschen ist das ek-statische Wohnen in der Nähe
des Seins. In dieser Nähe wacht und sorgt sie für das Sein.
Die Sorge des ek-sistierenden Menschen ist die Sache des Denkens, d.h. die Wahrheit des Seins. "Alles liegt einzig daran, dass die Wahrheit des Seins zur Sprache
komme und dass das Denken in diese Sprache gelange" (Hum, S. 30).
Auf die Wahrheit des Seins als auf das Zu-Denkende möchte Heidegger hinweisen.
Vielleicht verlangt dann die Sprache das rechte Schweigen. Können heute Versuche
zu denken auf dem Pfad des Schweigens heimisch sein?
Das Sein selbst kann den Menschen zum Wächtersein, zum Sorgenden für die Wahrheit des Seins in diese selbst ereignen. Dabei kommt es wesentlich, d.h. vom Sein
selbst her, auf die Ek-sistenz als auf das Wesen des Menschen an. "Das Wesen
des Menschen ist für die Wahrheit des Seins wesentlich, so zwar, dass es demzufolge gerade nicht auf den Menschen, lediglich, als solchen, ankommt" (a.a.O. S.
31). Vom Sein her bedeutend, heisst hier wesentlich. Vom Sein her soll das Wesen des Menschen erfahren werden, d.h. anfänglicher. So aber wird das Wesen
des Menschen wesentlich genommen. Das Wesen des Menschen ist humanitas. Mit
dieser Humanitas wird dem Humanismus anstelle seines verlorenen metaphysischen
Sinnes der Sinn des Wortes wieder gegeben. "Das ist Humanismus: Sinnen und Sorgen, dass der Mensch menschlich sei und nicht un-menschlich, 'inhuman', das
heisst, ausserhalb seines Wesens" (Hum, S. 10).
Der Grundzug der Humanitas des homo humanus ist das In-der-Welt-sein. Dieser
Hinweis bedeutet nicht, der Mensch sei losgebunden vom Transcendenten, vom
übersinnlich Seienden und abgekehrt von Gott. Im Namen 'In-der-Welt-sein' bedeutet 'Welt' "nicht ein Seiendes und keinen Bereich von Seiendem, sondern die
Offenheit des Seins" (a.a.O. S. 35). Als Ek-sistierender steht der Mensch in die
Offenheit des Seins hinaus. Als Offenheit des Seins ist das Sein selber. Als der
Wurf hat es sich das Wesen des Menschen in 'die Sorge' erworfen. So geworfen,
steht der Mensch 'in' der Offenheit des Seins. In die Lichtung des Seins, die 'Welt',
steht der Mensch aus seinem geworfenen Wesen her heraus. 'Welt' ist gewissermassen das Jenseitige für die Ek-sistenz. In die Offenheit des Seins ist der Mensch
in seinem Wesen zuvor ek-sistent. Erst das Offene lichtet das 'Zwischen', innerhalb dessen eigene 'Beziehung' vom Subjekt zum Objekt sein kann.
Ob der Mensch im theologisch-metaphysischen Sinne ein diesseitiges oder ein jenseitiges Wesen sei, enthält keine Entscheidung im Satz vom Beruhen des Menschenwesens auf dem In-der-Welt-sein.
"Der Mensch wohnt, insofern er Mensch ist, in der Nähe des Gottes." So lautet die
griechische Uebersetzung des Spruches von Heraklit: ἦθος ἀνθρώπῳ δαίμων
(Frgm. 119) Gewöhnlich wird übersetzt: "Seine Eigenart ist dem Menschen sein
Dämon" (Hum, S. 39). ἦθος ist der Aufenthalt, der Ort des Wohnens. Das Wort
nennt den offenen Bezirk, in dem der Mensch wohnt. Sein Aufenthalt ist offen. Es
lässt erscheinen, was auf das Wesen des Menschen zukommt und in seiner Nähe
sich aufhält. "Der Aufenthalt des Menschen enthält und bewahrt die Ankunft dessen,
dem der Mensch in seinem Wesen gehört" (ebd.). Der Aufenthalt ist - nach Heideg-

gers weitergefasster Uebersetzung - dem Menschen das Offene für die Anwesung des Gottes.
Heideggers Fundamentalontologie trachtet nach seinem eigenen Wort "in den Wesensgrund zurück, aus dem das Denken der Wahrheit des Seins herkommt" (Hum, S. 41). Alle andere 'Ontologie' denkt das Sein des Seienden und zwängt dabei das Sein in den Begriff. Doch nicht darum unterliegt sie der Kritik, sondern "weil sie die Wahrheit des Seins nicht denkt und so verkennt, dass es ein Denken gibt, das strenger ist als das begriffliche" (ebd.).
Das Denken, welches in die Wahrheit des Seins vorzudenken versucht, bringt in der Not "nur ein Geringes der ganz anderen Dimension zur Sprache" (ebd.). Das nach der Wahrheit des Seins fragende Denken bestimmt den Wesensaufenthalt des Menschen vom Sein her und auf dieses hin. Dieses Denken ist weder Ethik noch Ontologie.
Die Frage ist: Bleibt das Denken, welches die Wahrheit des Seins bedenkt, bleibt das Denken, welches das Wesen der Humanitas als Ek-sistenz aus deren Zugehörigkeit zum Sein bestimmt, nur ein theoretisches Vorstellen vom Sein und vom Menschen? Heidegger antwortet, dieses Denken sei "das Andenken an das Sein und nichts ausserdem" (Hum, S. 42). Weil es, zum Sein gehörig, vom selben in die Wahrnis seiner Wahrheit geworfen und für sie in den Anspruch genommen ist, denkt es das Sein. Solches Denken ist ohne Ergebnis und ohne Wirkung. "Es genügt seinem Wesen, indem es ist. Aber es ist, indem es seine Sache sagt" (a.a.O. S. 42).

Der Sache des Denkens gehört die ihrer Sachheit gemässe Sage. "Deren sachhaltige Verbindlichkeit ist wesentlich höher als die Gültigkeit der Wissenschaften, weil sie freier ist. Denn sie lässt das Sein - sein" (ebd.).
"Das Sein kommt, sich lichtend, zur Sprache" (a.a.O. S. 45). Stets ist es unterwegs zu ihr. Als Ankommendes bringt es das entbergende Denken in seinem Sagen des ungesprochenen Wortes vom Sein zur Sprache. Diese Sprache wird selber in die Lichtung des Seins gehoben. So ist die Sprache, geheimnisvoll und durchwaltend.

7. Das Wesende der Sprache ist die Sage

Als was sich die Sprache zeigt, d.h. was sie ist, nennt man ihr Was-Sein oder Wesen. "Im Was-sein des Seienden west dieses jeweils an. Anwesung aber ist überhaupt das Wesen des Seins" (Platons Lehre von der Wahrheit, S. 35).
'Die Grundlage und das Wesen alles Sprechens' ist nach Wilhelm v. Humboldt 'der artikulierte Laut' (Sprache, S. 246). Die Sprache ist 'die sich ewig wiederholende Arbeit des Geistes, den artikulierten Laut zum Ausdruck des Gedanken fähig zu machen' (a.a.O. S. 247). Heidegger fragt. ob Humboldt, der das Wesentliche der Sprache im Sprechen sehe, das Sprechen als die Sprache zur Sprache bringe. Er zitiert weiter: Man muss die Sprache nicht sowohl wie ein totes Erzeugtes, sondern weit mehr wie eine Erzeugung ansehen, mehr von demjenigen abstrahieren, was sie als Bezeichnung der Gegenstände und Vermittlung des Verständnisses wirkt, und dagegen sorgfältiger auf ihren mit der inneren Geistestätigkeit eng verwebten Ursprung und ihren gegenseitigen Einfluss darauf zurückgehen (a.a.O. S. 248).

Nach Heidegger bringt Humboldt die Sprache als eine Art und Form der in der menschlichen Subjektivität ausgearbeiteten Weltansicht zur Sprache. Humboldt versteht das Wesen der Sprache als Energeia, als Tätigkeit des Subjektes. Dieses Verstehen ist nach Heidegger ganz ungriechisch. "Den Griechen offenbart sich das Wesen der Sprache als der λόγος " (Was ist das - die Philosophie? S. 29). Humboldts Weg zum Wesen der Sprache führt "durch die Sprache hindurch auf anderes: das Ergründen und Darstellen der geistigen Entwicklung des Menschengeschlechtes" (Sprache, S. 249).
Das so begriffene Wesen der Sprache zeigt nicht auch schon das Sprachwesen, nämlich "die Weise, nach der die Sprache als die Sprache west, d.h. währt, d.h. in dem versammelt bleibt, was die Sprache in ihr Eigenes als die Sprache zu ihr selbst gewährt" (a.a.O. S. 249/50).
Auch bei Heidegger zeigt sich die Sprache zunächst als unser Sprechen. Zum Sprechen gehören die Sprechenden. Im Sprechen haben sie ihr Anwesen. Zu- und miteinander und zu sich selber sprechen sie.
Das Sprechen ist "von sich aus ein Hören. Es ist das Hören auf die Sprache, die wir sprechen. So ist denn das Sprechen nicht zugleich, sondern zuvor ein Hören" (a.a.O. S. 254). Dieses Hören geht unscheinbarst auf. Wir sprechen die Sprache aus der Sprache. Dies vermögen wir, die wir je schon auf sie gehört haben. Das Sprechen der Sprache hören wir.
"Die Sprache spricht, indem sie sagt, d.h. zeigt" (a.a.O. S. 255). Ihr Sagen entquillt der noch ungesprochenen Sage. Es entquillt dem Sagen des Denkens, welches "nur das ungesprochene Wort des Seins zur Sprache bringt" (Hum, S. 45). Die Sprache spricht, indem sie als die Zeige Anwesendes erscheinen und verscheinen lässt. An ihm selbst sich Zeigendes tritt in Erscheinung, sofern wir auf der Sprache Sage hören, sofern wir uns ihre Sage sagen lassen.
"Im Sprechen als dem Hören auf die Sprache sagen wir die gehörte Sprache nach. Wir lassen ihre lautlose Stimme kommen, wobei wir den uns schon aufbehaltenen Laut verlangen, zu ihm hinreichend ihn rufen" (a.a.O. S. 255). Das 'Unssagenlassen' er-gibt sich nur, "insofern und insonah unser eigenes Wesen in die Sage eingelassen ist. Wir hören sie nur, weil wir in sie gehören. Allein den ihr Gehörenden gewährt die Sage das Hören auf die Sprache und so das Sprechen. In der Sage währt solches Gewähren. Es lässt uns in das Vermögen des Sprechens gelangen. Das Wesende der Sprache beruht in der also gewährenden Sage" (ebd).

In der zeigenden Sage beruht alles Scheinen und Verscheinen. Die Sage ist Zeigen. Die Sage befreit und entfreit. "Sie befreit Anwesendes in sein jeweiliges Anwesen, entfreit Abwesendes in sein jeweiliges Abwesen. Die Sage durchwaltet und fügt das Freie der Lichtung, die alles Scheinen aufsuchen, alles Entscheinen verlassen, dahin jegliches An- und Abwesen sich hereinzeigen, sich einsagen muss. Die Sage ist die alles Scheinen fügende Versammlung des in sich vielfältigen Zeigens, das überall das Gezeigte bei ihm selbst bleiben lässt" (Sprache, S. 257).
Woher rührt das vielfältige Zeigen?
Alles Zeigen der Sage "ist jeglichem An- und Abwesen die Frühe jenes Morgens, mit dem erst der mögliche Wechsel von Tag und Nacht anhebt: Das Früheste und Uralte zugleich. Wir können es nur noch nennen, weil es keine Erörterung duldet; denn es ist die Ortschaft aller Orte und Zeit-Spiel-Räume. Wir nennen es mit ei-

nem alten Wort und sagen:

> Das Regende im Zeigen der Sage ist das Eignen" (Sprache, S. 258).

Das Eignen erbringt das An- und Abwesende in sein Eigenes, woraus sich dieses an ihm selbst zeigt und verweilt. Das erbringende Eignen regt die Sage in ihrem Zeigen und "heisse das Ereignen" (ebd.). Was das Ereignen durch die Sage ergibt, ist gewährender als jedes Erwirken, Machen und Gründen. Das Ereignende ist das Ereignis selber. Es lässt sich nur im Zeigen der Sage als das Gewährende erfahren. Auf nichts anderes kann das Ereignis zurückgeführt, aus nichts anderem gar erklärt werden. "Das Ereignis ist das Unscheinbarste des Unscheinbaren, das Einfachste des Einfachen, das Nächste des Nahen und das Fernste des Fernen, darin wir Sterblichen uns zeitlebens aufhalten" (a.a.O. S. 259).
Das Ereignis waltet in der Sage. Es eignet. - Dies sagend, sprechen wir schon in eigener Sprache. Aus dem Ereignis haben wir den Aufenthalt in unserm Wesen. Aus unserm Wesen vermögen wir, die Sprechenden zu sein. Die Versammlung dessen, was alles in seinem Eigenen anwesen lässt, west als schlichtestes und sanftestes Gesetz an uns und an allem; sein eigentlicher Name ist Ereignis. "Das Ereignis ist das Gesetz, insofern es die Sterblichen in das Ereignen zu ihrem Wesen versammelt und darin hält" (ebd.).
Das Ereignis vereignet die Sterblichen der Sage. Damit kann der Mensch als der Sagende der Sage entgegnen, entgegnen aus dem ihm Eigenen. Das entgegnende Sagen ist das Antworten. Antwort ist jedes gesprochene Wort. Antworten ist Gegensagen, entgegenkommendes, hörendes Sagen.
Aus der Vereignung in die Sage ist der Mensch gebracht, die "lautlose Sage in das Verlauten der Sprache zu bringen" (Spr. S. 260). Im Weg zur Sprache verbirgt sich ihr Eigentümliches. Der Weg zur Sprache ist ereignend.
Einen Weg bahnen heisst wegen. Das Ereignis, welches das Zeigen als das Eignen vereinigt, ist die Be-wegung der Sage zur Sprache. Sie bringt die Sprache als die Sprache zur Sprache, d.h. das Sprachwesen als die Sage zum verlautenden Wort.

Die in ihr Eigenes entbundene Sprache kümmert sich einzig um sich. Das ist nicht egoistischer Solipsismus. Die Sprache "bekümmert sich darum, dass unser Sprechen, auf das Ungesprochene hörend, ihrem Gesagten entspricht. So ist denn auch das Schweigen, das man gern dem Sprechen als dessen Ursprung unterlegt, bereits ein Entsprechen. Das Schweigen entspricht dem lautlosen Geläut der Stille der ereignend-zeigenden Sage. Die im Ereignis beruhende Sage ist als das Zeigen die eigenste Weise des Ereignens. Das Ereignis ist sagend" (a.a.O. S. 262/63).

8. Der Wesensquell der grundverschiedenen Sprachen ist derselbe

"Dem Grafen Kuki gehört mein bleibendes Andenken." Dies sagt der Alemanne Martin Heidegger in einem Gespräch von der Sprache über einen seiner japanischen Schüler. Der japanische Gesprächspartner erwähnt, dass der zu früh gestorbene Graf Shuzo Kuki Vorlesungen über die Aesthetik der japanischen Kunst und Dichtung gehalten habe. - Darin versuche er, das Wesen der japanischen Kunst mit

Hilfe der europäischen Aesthetik zu betrachten.
Heidegger sagt, weil der Name Aesthetik aus der europäischen Philosophie stamme, müsse die ästhetische Betrachtung dem ostasiatischen Denken im Grunde fremd bleiben.
Der Japaner verneint diese Behauptung nicht, räumt indes ein, dass ihr Denken die Aesthetik zu Hilfe rufen müsse, um mit den so nötigen Begriffen "das zu fassen, was uns als Kunst und Dichtung angeht" (Sprache, S. 86). Auf Heideggers Frage, ob der Japaner Begriffe benötigte, antwortet der Befragte: "Vermutlich ja; denn seit der Begegnung mit dem europäischen Denken kommt ein Unvermögen unserer Sprache an den Tag" (ebd.).
Heidegger zweifelt am Unvermögen der japanischen Sprache. Die Streitfrage, die er schon mit Graf Kuki oft erörterte, ist wieder da. Die Frage nämlich, "ob es für die Ostasiaten nötig und berechtigt sei, den europäischen Begriffssystemen nachzujagen" (Sprache, S. 87). Es scheine so, meint der Japaner. Angesichts der modernen Technisierung und Industrialisierung gibt es hier scheinbar kein Ausweichen mehr.
Heidegger unterstützt das vorsichtige "Es scheint..." Die vom Japaner immer noch bleibende angedeutete Möglichkeit, dass, vom asiatischen Denker her gesehen, die mitreissende technische Welt auf das Vordergründige sich beschränken müsse, deutet Heidegger weiter, dass "dadurch eine wahrhafte Begegnung mit dem europäischen Dasein trotz aller Angleichungen und Vermischungen doch nicht geschieht" (ebd.). Fragend führt Heidegger diese Weiterdeutung. Er stellt die scheinbare Behauptung in Frage.
Wäre es keine Frage, dann wäre der Japaner nicht zum Gespräch in den deutschen Sprachraum gekommen. Aber immer spürt er die Gefahr, die offensichtlich auch Graf Kuki nicht meisterte; die Gefahr eben, "dass wir uns durch den Reichtum des Begrifflichen, den der europäische Sprachgeist bereit hält, verleiten lassen, das, was unser Dasein in den Anspruch nimmt, zu etwas Unbestimmtem und Verfliessendem herabzusetzen" (a.a.O. S. 88).
Eine weit grössere Gefahr stieg Kuki und Heidegger "aus den Gesprächen selbst auf, insofern es Gespräche waren ... Die Gefahr unserer Gespräche verbarg sich in der Sprache selbst" (a.a.O. S. 88/89). Obgleich Graf Kuki neben der französischen und englischen die deutsche Sprache beherrschte und so in europäischen Sprachen sagen konnte, was zur Erörterung stand, blieb Heidegger "der japanische Sprachgeist verschlossen; und er ist es heute noch" (a.a.O. S. 89).
Gesprochen wurde europäisch, zu sagen versucht aber wurde im Gespräch das Wesentliche der ostasiatischen Kunst und Dichtung.
Schon eher der Ort den Gefahr spürend, denkt der Japaner, die Sprache des Gespräches habe fortgesetzt die Möglichkeit zerstört, "das zu sagen, was besprochen wurde" (ebd.).
Der deutsche Gesprächspartner bezieht sich auf sein "genug unbeholfenes" Wort von der Sprache als dem Haus des Seins. "Wenn der Mensch durch seine Sprache im Anspruch des Seins wohnt, dann wohnen wir Europäer vermutlich in einem ganz anderen Haus als der ostasiatische Mensch ... So bleibt denn ein Gespräch von Haus zu Haus beinahe unmöglich" (a.a.O. S. 90).
Unter der Voraussetzung, dass die Sprachen von Grund aus anderen Wesens sind,

gibt der Japaner dies zu. Das "beinahe" Heideggers hat er aber mitgehört. Immer noch war Kukis Dialog mit Heidegger ein Gespräch. Denn immer wieder kam Kuki in den Seminarübungen darauf zurück. (Das Andenken an das Gespräch mit Heidegger ist Kuki geblieben.)
"Wir" Studenten wollten wissen, warum "er" bei Ihnen lernen wollte. Mehrere japanische Landsleute, die bei Husserl Phänomenologie studierten, kannten Sie von da her persönlich" (Sprache, S. 90).
(Heidegger war bei Husserl Assistent.) - "Immer wieder hörte man", sagt der Japaner, "dass Ihre Fragen um das Problem der Sprache und des Seins kreisten" (a.a.O. S. 91). "Das Fragen nach Sprache und Sein ist vielleicht ein Geschenk des Lichtstrahls, der Sie getroffen" (a.a.O. S. 93). In "Sein und Zeit" scheint freilich dem Japaner die Thematik 'Sprache und Sein' im Hintergrund zu bleiben.

Heidegger antwortet: "Weil die Besinnung auf Sprache und Sein meinen Denkweg von früh an bestimmt, deshalb bleibt die Erörterung möglichst im Hintergrund. Vielleicht ist es der Grundmangel des Buches 'Sein und Zeit', dass ich mich zu früh zu weit vorgewagt habe."
Im λόγος suchte Heidegger in einer Vorlesung unter dem Titel "Logik" - einige Jahre 'nach Sein und Zeit' - das Wesen der Sprache. "Indes dauerte es noch einmal beinahe ein Jahrzehnt, bis ich zu sagen vermochte, was ich dachte - das gemässe Wort fehlt auch heute noch. Der Ausblick für das Denken, das dem Wesen der Sprache zu entsprechen sich abmüht, bleibt in seiner ganzen Weite noch verhüllt. Darum sehe ich noch nicht, ob, was ich als Wesen der Sprache zu denken versuche, auch dem Wesen der ostasiatischen Sprache genügt, ob am Ende gar, was zugleich der Anfang wäre, ein Wesen der Sprache zur denkenden Erfahrung gelangen kann, das die Gewähr schenkte, dass europäisch-abendländisches und ostasiatisches Sagen auf eine Weise ins Gespräch kämen, in der Solches singt, das einer einzigen Quelle entströmt" (a.a.O. S. 94).
Der Dichtung gilt im besonderen das Nachdenken des anwesenden Japaners, welcher unter anderm Heideggersche Vorträge über Hölderlin ins Japanische übersetzt hat. Aufgrund solchen Nachdenkens hat er in den Augen Heideggers ein genug helles Ohr für dessen Fragen. Heidegger fragt, warum Kuki und einige andere Japaner der genannten Vorlesung besondere Beachtung schenkten.
Der Japaner antwortet, dass Kuki bei der Kennzeichnung des Denkens von Heidegger sich immer wieder auf die Namen 'Hermeneutik' und 'hermeneutisch' berufen habe. Kuki betonte immer, der Name solle eine neue Richtung der Phänomenologie bezeichnen.
Heidegger sagt, es sei ihm nicht um eine Richtung innerhalb der Phänomenologie und nicht um das Neue gegangen. Vielmehr wollte er das Wesen der Phänomenologie ursprünglicher denken, "um sie auf diese Weise eigens in ihre Zugehörigkeit zur abendländischen Philosophie zurückzufügen" (Sprache, S. 95). Der Titel 'Hermeneutik' war Heidegger aus seinem Theologiestudium her geläufig. Damals war ihm das Verhältnis zwischen dem Wort der Heiligen Schrift umd dem theologisch-spekulativen Denken, "wenn Sie wollen, dasselbe Verhältnis, nämlich zwischen Sprache und Sein, nur verhüllt und mir unzugänglich, so dass ich auf vielen Um- und Abwegen vergeblich nach einem Leitfaden suchte" (a.a.O. S. 96). Ohne diese theologische Herkunft wäre Heidegger, wie er sagt, nie auf den Weg des Denkens gelangt"

"Herkunft aber bleibt stets Zukunft" (ebd.)
Hermeneutik bildete sich zuerst und massgebend aus ineins mit der Auslegung der
Bibel. In 'Sein und Zeit' meint Hermeneutik den Versuch, "das Wesen der Auslegung allererst aus dem Hermeneutischen zu bestimmen." (a.a.O. S. 98). In späteren Schriften verwendet Heidegger die Namen 'Hermeneutik' und 'hermeneutisch'
nicht mehr. "Ich habe einen früheren Standpunkt verlassen, nicht um dagegen einen
anderen einzutauschen, sondern weil auch der vormalige Standort nur ein Aufenthalt
war in einem Unterwegs. Das Bleibende im Denken ist der Weg. Und Denkwege bergen in sich das Geheimnisvolle, dass wir sie vorwärts und rückwärts gehen können,
dass sogar der Weg zurück uns erst vorwärts führt" (a.a.O. S. 99).
Zurück meint, in das Anfangende. Dem Einanderrufen von Herkunft und Zukunft entquillt Gegenwart.
Dem so Hörenden fällt das Verständnis schwer. Doch die Japaner befremdet es
nicht, "wenn ein Gespräch das eigentlich Gemeinte im Unbestimmten lässt, es sogar ins Unbestimmbare zurückbirgt" (a.a.O. S. 100). Wissenwollen und Gier nach
Erklärungen fügt nie in denkendes Fragen, sagt Heidegger dem Japaner, welcher
zusammen mit seinen Mithörenden in jungen Jahren den Grafen Kuki unmittelbar
herausforderten, das "Wissenwollen durch handliche Auskünfte zufrieden zu stellen" (ebd.).
Die jungen Japaner wollten von Kuki nur wissen, "inwiefern die europäische Aesthetik geeignet sei, dasjenige in eine höhere Klarheit zu heben, woraus unsere Kunst
und Dichtung ihr Wesen empfangen" (ebd.). Iki ist der Name dafür.
Als sinnliches Scheinen, "durch dessen lebhaftes Entzücken Uebersinnliches hindurchscheint", hörte Heidegger Kuki das Grundwort Iki erläutern.
Diese Darlegung trifft nach dem Japaner, was in der japanischen Kunst erfahren
wird.
Im Unterschied einer sinnlichen und übersinnlichen Welt bewegt sich danach die
japanische Kunsterfahrung. "Auf dieser Unterscheidung," fährt Heidegger fort,
"ruht, was man seit langem die abendländische Metaphysik nennt" (Sprache, S.
101).
Das japanische Denken kennt Aehnliches wie den metaphysischen Unterschied; die
Unterscheidung lässt sich indes nicht durch die abendländischen metaphysischen
Begriffe fassen. Die Japaner sagen Iro, d.h. Farbe, und sagen Ku, d.h. das Leere,
das Offene, der Himmel. Sie sagen: ohne Iro kein Ku, ohne Farbe kein Offenes. Iro
nennt die Farbe, meint aber wesentlich mehr als das sinnlich Wahrnehmbare. Ku
nennt das Leere und Offene. Es meint aber anderes als das Nur-Uebersinnliche.

Heidegger findet, dies entspreche genau dem, was die europäische, d.h. metaphysische Kunstlehre sage, wenn sie die Kunst ästhetisch vorstelle. "Das $\alpha\mathring{\iota}\sigma\theta\eta\tau\acute{o}\nu$,
das wahrnehmbare Sinnliche, lässt das $\nu o \eta \tau \acute{o} \nu$, das Nichtsinnliche, durchscheinen. Doch fürchtet er sehr, auf diesem Wege möchte das eigentliche Wesen der ostasiatischen Kunst verdeckt und in einen ihr nicht gemässen Bezirk verschoben werden. Gross ist die Gefahr, dass die Sprache des Gespräches die Möglichkeit zerstört, das zu sagen, was besprochen wird.
Gross findet der Ostasiate die Versuchung, europäische Vorstellungsweisen zu Hilfe zu rufen. In der von Heidegger genannten "vollständigen Europäisierung der Erde
und des Menschen "sehen viele den Triumphzug der Vernunft, welche Vernunft in

der Französischen Revolutionen als Göttin ausgerufen wurde. Die Herrschaft dieser ist im technischen Fortschritt bestätigt.
Heidegger stimmt zu. Jedes Denken, das den Vernunftanspruch als einen nicht ursprünglichen zurückweist, kann als Unvernunft verlästert werden. Blind schaut man zu, "wie die Europäisierung des Menschen und der Erde alles Wesenhafte in seinen Quellen anzehrt" (a.a.O. S. 104).
Europäisch, wenn nicht amerikanisch, nennt der ostasiatische Gesprächspartner die vordergründige Welt Japans. "Die hintergründige japanische Welt, besser gesagt, das, was sie selber ist, erfahren Sie dagegen im No-Spiel" (a.a.O. S. 106).

Für einen Nicht-Japaner bleibt selbst das solchen Spielen Beiwohnen schwer, solange er "nicht japanisches Dasein zu bewohnen" vermag (S. 106).
Die japanische Bühne ist leer. Dank dieser Leere vermag die Schauspieler mit einer geringen Gebärde "Gewaltiges aus einer seltsamen Ruhe erscheinen zu lassen ... Wenn z.B. eine Gebirgslandschaft erscheinen soll, dann hebt der Schauspieler langsam die offene Hand und hält sie in der Höhe der Augenbrauen still über dem Auge ... --... Das Eigentliche dessen, was in Ihrer Sprache 'Gebärde' heisst, lässt sich schwer sagen" (a.a.O. S. 107).
Heidegger hält das Wort Gebärde für eine Hilfe, das zu-Sagende wahrhaft zu erfahren. Er definiert Gebärde als Versammlung eines Tragens. Das eigentlich Tragende trägt sich uns erst zu.
Erst und nur der Versammlung entquillt alles Tragen, und das Eigentliche der Gebärde, dessen Ort Heidegger sucht, findet der Japaner in einem "selbst unsichtbaren Schauen, das sich so gesammelt der Leere entgegen trägt, dass in ihr und durch sie das Gebirge erscheint" (Sprache, S. 108).
Für Heidegger ist die Leere dann "dasselbe wie das Nichts, jenes Wesende nämlich, das wir als das Andere zu allem An- und Abwesenden zu denken versuchen" (ebd.).

Dass die Europäer in Heideggers Vortrag 'Was ist Metaphysik?' das Nichts nihilistisch deuten konnten, ist für Japaner heute noch verwunderlich. Für sie ist "die Leere der höchste Name für das, was Sie mit dem Wort 'Sein' sagen möchten ..." (a.a.O. S. 109).
Mit dem Gebrauch des Wortes 'Sein' bringt Heidegger die durch einen Denkversuch veranlasste Verwirrung in Zusammenhang. "Denn eigentlich gehört dieser Name in das Eigentum der Sprache der Metaphysik, während ich das Wort in den Titel einer Bemühung setzte, die das Wesen der Metaphysik zum Vorschein und sie dadurch erst in ihre Grenzen einbringt" (ebd.).
Den Japaner wundert, wieso Heidegger das Wort 'Sein' nicht ausschliesslich der Sprache der Metaphysik überlassen habe. "Warum gaben Sie dem, was Sie als den 'Sinn von Sein' auf dem Weg durch das Wesen der Zeit suchten, nicht sogleich einen eigenen Namen?" (a.a.O. S. 110).
Heidegger kann aber nicht nennen, was er erst sucht. Im Zuspruch des nennenden Wortes beruht das Finden. Der Weg dahin kann lange sein. Das Denken huldigt gleichsam dem Wegbau.
Der Japaner ist zuversichtlich, Heideggers Denkweg schon deutlicher zu sehen. Als Wesentlichstes in Heideggers Denken kommt ihm das Wort 'Sein' im Sprachzusammenhang näher: die Sprache als das Haus des Seins. Diese Wendung gibt dem Japa-

ner viel zu denken. Nicht weil sie, nach Heideggers Wort, keinen Wesensbegriff der Sprache liefert, sondern "weil ich fühle, dass sie an das Wesen der Sprache rührt, ohne es zu verletzen" (a.a.O. S. 112).
Es bleibt wohl, wie Heidegger bemerkt, das Sprachwesen für die ostasiatischen und die europäischen Völker ein durchaus anderes. Gibt es in der japanischen Sprache ein Wort für das, was wir Sprache nennen?
Für das Wesen der Sprache gibt es eher eines als für das Sprechen und die Sprache. Das japanische Wort dürfte mit der Wendung vom Haus des Seins verwandt sein.

Heideggers Sagen, die Wendung gebe nur einen Wink in das Wesen der Sprache, der Wink aber dürfte der Grundzug des Wortes sein, trifft den Japaner wie ein lösendes Wort. Wie Heidegger ahnt, kam das Wesen der duetschen Sprache bei der lesenden und übersetzenden Zwiesprache mit Heidegger, Hölderlin und Kleist "wie ein Sturzbach über" den denkenden Nicht-Europäer. Er kam sich vor wie ein Wanderer zwischen verschiedenen Sprachwesen, den bisweilen ein zuleuchtender Schein ahnen liess, "der Wesensquell der grundverschiedenen Sprachen sei derselbe" (Sprache, S. 115).
Wie ein zuleuchtender Schein ermuntern kann, so könnte das lösende Wort vom Wink uns das Wesen der Sprache, nach Heideggers Wendung, vielleicht erwinken. Allzu gut versteht der Japaner, dass ein Denkender das zu-sagende Wort zurückhalten möchte, "nicht um es für sich zu behalten, sondern um es dem Denkwürdigen entgegenzutragen" (a.a.O. S. 117).
"Dies entspricht den Winken. Sie sind rätselhaft. Sie winken uns zu. Sie winken ab. Sie winken uns hin zu dem, von woher sie unversehens sich uns zutragen. "So erläutert Heidegger und ergänzt, dass Winke und Gebärden "in einen ganz anderen Wesensraum gehören" (ebd.). Der Japaner ist nach Lob und Vermutung Heideggers "dem Wesen der Sprache näher als all unsere Begriffe" (ebd.).
So meint Heidegger in der Wendung von der Sprache als dem 'Haus des Seins' "nicht das metaphysisch vorgestellte Sein des Seienden, sondern das Wesen des Seins, genauer der Zwiefalt von Sein und Seiendem, diese Zwiefalt jedoch hinsichtlich ihrer Denkwürdigkeit" (a.a.O. S. 118).
Nicht dem Wesen der Sprache entspräche also, wie der Japaner bedenkt, ein Sagen, das auf Worte wartete, die "reif wie Früchte vom Baum" fallen. Ermuntert durch Heideggers Hinweis, "das Wort sei Wink und nicht Zeichen im Sinne der blossen Bezeichnung", zögert der Japaner mit dem Aussprechen.
Dieses noch zurückgehaltene Wort für das Wesen dessen, was wir Sprache nennen, bringt nach Heideggers Ueberzeugung "eine auch jetzt noch unverhoffte Ueberraschung" (a.a.O. S. 119). Vergeblich auf Antwort gehofft hat Heidegger bei Philologen.
"Damit jedoch Ihre Besinnung gut und fast ohne Ihr Zutun ausschwinge, lassen Sie uns die Rollen vertauschen, indem ich das Antworten übernehme, und zwar hinsichtlich Ihrer Frage, die das Hermeneutische betrifft" (a.a.O. S. 120).
Der Japaner ist erstaunt, dass Heidegger die früher gebrauchten Titel Hermeneutik und Phänomenologie eigentlich nicht mehr braucht.
Heidegger, der das 'Hermeneutische' als Beiwort zu Phänomenologie gebrauchte, meinte damit nicht "die Methodenlehre des Auslegens, sondern dieses selbst" (Sprache, S. 120). Dass er inzwischen die beiden Titel fallen gelassen hat, geschah nicht

zur Verleugnung der Phänomenologie, die er mit der Hermeneutik, wie es etymologisch verständlich wird, zu verdeutlichen suchte, sondern um seinen "Denkweg in Namenlosen zu lassen" (a.a.O. S. 121). Das Wort 'hermeneutisch' leitet sich von ἑρμηνεύειν ab. "Dieses bezieht sich auf das Hauptwort ἑρμηνεύς, das man mit dem Namen des Gottes Ἑρμῆς zusammenbringen kann in einem Spiel des Denkens, das verbindlicher ist als die Strenge der Wissenschaft. Hermes ist der Götterbote. Er bringt die Botschaft des Geschickes; ἑρμηνεύειν ist jenes Darlegen, das Kunde bringt, insofern es auf eine Botschaft zu hören vermag. Solches Darlegen wird zum Auslegen dessen, was schon durch die Dichter gesagt ist, die selber nach dem Wort des Sokrates in Platons Gespräch ION (534e) ἑρμηνῆς εἰσιν τῶν θεῶν 'Botschafter sind der Götter' " (a.a.O. S. 121/122). Vor dem Auslegen bedeutet das Hermeneutische das Bringen von Botschaft und Kunde.

Dieser ursprüngliche Sinn des ἑρμηνεύειν bewog Heidegger, das phänomenologische Denken, das ihm den Weg zu 'Sein und Zeit' öffnete, zu charakterisieren. "Es galt und gilt noch, das Sein des Seienden zum Vorschein zu bringen; freilich nicht mehr nach der Art der Metaphysik, sondern so, dass das Sein selbst zum Scheinen kommt. Sein selbst - dies sagt: Anwesen des Anwesenden, d.h. die Zwiefalt beider aus ihrer Einfalt. Sie ist es, die den Menschen zu ihrem Wesen in den Anspruch nimmt" (a.a.O. S. 122). Das Vorwaltende im Bezug des Menschen zur Zwiefalt ist die Sprache. "Sie bestimmt den hermeneutischen Bezug" (ebd.).

Sprache, d.h. das gefragte japanische Wort für das deutsche 'Sprache' ist nach Meinung des Japaners das Selbe wie das zu erklärende 'Hermeneutische'.

Unbeholfene Frager, sagt Heidegger, bleiben wir alle, auch "in diesem Gespräch, das uns auf die Erörterung des Hermeneutischen und des Wesens der Sprache brachte" (a.a.O. S. 124). Bei aller Sorgfalt des Wortgebrauches gleiten wir über Wesentliches hinweg. Dies liegt vorab daran, "dass die Sprache mächtiger ist und darum gewichtiger als wir" (ebd.).

Die Sprache als der Grundzug im hermeneutischen Bezug des Menschenwesens zur Zwiefalt von Anwesen und Anwesendem 'weist' den Japaner 'an', einiges vorzubringen, wenn Heidegger gezeigt haben wird, "was wir dabei unbedacht liessen" (Sprache, S. 125).

Heidegger denkt an das Wort 'Bezug'. Wenn der Mensch im hermeneutischen Bezug steht, "möchte das Wort 'Bezug' sagen, der Mensch sei in seinem Wesen gebraucht, gehöre als der Wesende, der er ist, in einen Brauch, der ihn beansprucht" (ebd.). Der Mensch west als Mensch 'im Brauch', "der den Menschen ruft, die Zwiefalt zu verwahren.." (a.a.O. S. 126). Erst die Zwiefalt entfaltet die Klarheit, d.h. die Lichtung, "innerhalb deren Anwesendes als solches und Anwesen für den Menschen unterscheidbar werden.." (ebd.).

Dem Menschen gilt jeder Denkschritt, dem Menschen, dass er "denkend auf den Pfad seines Wesens finde" (a.a.O. S. 127). Darum geschieht die Besinnung auf den hermeneutischen Bezug, auf die Sprache" in ihrem Verhältnis zum Wesen des Seins, d.h. zum Walten der Zwiefalt" (ebd.).

Anders als metaphysisch denkt Heidegger das Wesen der Sprache, wenn diese der Grundzug im hermeneutisch bestimmten Brauch ist. Hierauf hat der Japaner hinweisen wollen. In der versuchten Besinnung auf das Wesen der Sprache spricht seines Erachtens das Gespräch "als ein geschichtliches" (a.a.O. S. 128). Als verlautender, geschriebener Sinn ist die Sprache "etwas in sich Ueber-Sinnliches, das

bloss Sinnliche ständig Uebersteigendes. Die Sprache ist, so vorgestellt, in sich metaphysisch" (a.a.O. S. 129). Nicht am Laut- und Schriftcharakter der Wörter hängt Heideggers Blick in das Wesen der Sprache.
Heidegger stimmt zu, fügt aber bei, dass die Sprache in diesem metaphysischen Wesen nur zum Vorschein komme, "insofern sie zum voraus als Ausdruck vorgestellt ist. Hierbei meint Ausdruck nicht nur die ausgestossenen Sprachlaute und die gedruckten Schriftzeichen. Ausdruck ist zugleich Aeusserung" (ebd.) Die Leitvorstellungen, welche unter den Namen 'Ausdruck', Erlebnis' und 'Bewusstsein' das moderne Denken bestimmen, sollten fragwürdig werden.
'Ausdruck', sagt der Japaner, ist Aeusserung eines Innen und bezieht sich auf das Subjektive. 'Erscheinung' im Sinne Kants hingegen nennt das Objektive. Der Japaner bezieht sich hier auf Heideggers Vorlesung 'Ausdruck und Erscheinung' und erinnert, dass nach Kant "die Erscheinungen die Gegenstände, d.h. die Objekte der Erfahrung sind. Sie haben sich mit dem Titel Ihrer Vorlesung selber auf die Subjekt-Objekt-Beziehung festgelegt" (a.a.O. S. 130).

Heidegger ergänzt, dass Kants Begriff der Erscheinung auf dem Ereignis ruhe, dass alles Anwesende schon zum Gegenstand des Vorstellens geworden sei. In Kants 'Erscheinen' müssen wir das Gegenstehen miterfahren, nicht nur, um Kant zu verstehen, sondern um "vor allem das Erscheinen der Erscheinung, wenn ich so sagen darf, ursprünglich zu erfahren" (Sprache, S. 132). Erstmals erfahren und gedacht haben die Griechen die φαινόμενα. Φαίνεσθαι bedeutet ihnen: sich zum Scheinen bringen und darin erscheinen. "Das Erscheinen bleibt so der Grundzug des Anwesens von Anwesendem, insofern dieses in die Entbergung aufgeht" (ebd.).
Die Absetzung gegen Kant genügt nicht. Auch dort, wo 'Gegenstand' für das Anwesende "als das Insichstehende" (a.a.O. S. 133) gebraucht wird, denkt man das Erscheinen keineswegs im Sinne der Griechen, sondern im Grunde, wenn auch versteckt, nach "Descartes: vom Ich als dem Subjekt her" (ebd.).
Unser Denken sollte das griechisch Gedachte noch griechischer denken. "Wenn das Anwesen selbst als Erscheinen gedacht ist, dann waltet im Anwesen das Hervorkommen ins Lichte im Sinne der Unverborgenheit. Diese ereignet sich im Entbergen als einem Lichten. Dieses Lichten selbst bleibt jedoch als Ereignis nach jeder Hinsicht ungedacht. Sich auf das Denken dieses Ungedachten einlassen, heisst: dem griechisch Gedachten ursprünglicher nachgehen, es in seiner Wesensherkunft erblicken. Dieser Blick ist auf seine Weise griechisch und ist hinsichtlich des Erblickten doch nicht mehr, nie mehr griechisch" (a.a.O. S. 135). In der Herkunft des Erscheinens kommt jenes auf den Menschen zu, "worin sich die Zwiefalt von Anwesen und Anwesendem birgt" (ebd.). Insofern der Mensch Mensch ist, hört er auf die Botschaft der angebotenen Zwiefalt. Sie zu hören, ist er als Mensch gebraucht. Er steht in einem Bezug, der hermeneutisch ist, "weil er die Kunde jener Botschaft bringt" (a.a.O. S. 136).
Der Japaner hört: die Botschaft von der Zwiefalt beansprucht den Menschen, ihr zu entsprechen. Ist nicht das im Sinne Heideggers Mensch-sein, falls jener das Wort 'sein' jetzt noch zulässt?
Heidegger antwortet: "Der Mensch ist der Botengänger der Botschaft, die ihm die Entbergung der Zwiefalt zuspricht" (ebd.).

Der Japaner ahnt eine tiefverborgene Verwandtschaft des von Heidegger Gesagten mit dem japanischen Denken, "gerade weil ihr Denkweg und seine Sprache so ganz anders sind" (ebd.). Der Ort, an dem die geahnte Verwandtschaft ins Spiel kommt, liegt im Grenzenlosen, welches "im Ku gezeigt wird, das die Leere des Himmels meint" (a.a.O. S. 136/137).
So wäre, wie Heidegger denkt, der Mensch als Botengänger der Botschaft der Zwiefalt-Entbergung "zugleich der Grenzgänger des Grenzenlosen" (a.a.O. S. 137).

Der Grenze Geheimnis kann sich in nichts anderem bergen als in der Stimme, die "sein Wesen be-stimmt" (Sprache, S. 137).

Dem Japaner, der die Tragweite der Zusammengehörigkeit des Hermeneutischen und der Sprache deutlicher zu erblicken meint, wird immer rätselhafter, wie Graf Kuki von Heideggers Denkweg eine Hilfe für seine Versuche zur Aesthetik erwartete. Denn Heideggers Weg, welcher eine Verwandlung des Denkens als Wanderung geschehen lässt, "lässt mit der Metaphysik zugleich die in ihr gegründete Aesthetik hinter sich" (a.a.O. S. 138).
Jetzt erst, präzisiert Heidegger, könne das Wesen des Aesthetischen bedacht und in seine Grenzen verwiesen werden. Nach seiner Ueberzeugung brauchte Graf Kuki wohl den europäischen Titel 'Aesthetik', dachte und suchte jedoch anderes. "Durch das Aesthetische, oder sagen wir durch das Erlebnis und in dessen massgebenden Bereich, wird das Kunstwerk im vornhinein zu einem Gegenstand des Fühlens und Vorstellens. Nur wo das Kunstwerk zum Gegenstand geworden ist, wird es ausstellungs- und museumsfähig ..." (a.a.O. S. 139). Das Schöpferische und die Meisterschaft bestimmen das Künstlerische. Der Rahmen des Künstlerischen ist indes so umgreifend, "dass er auch noch jede anders geartete Erfahrung der Kunst und ihres Wesens einfangen kann" (a.a.O. S. 140).
In das ästhetische Vorstellen gehört nach des Japaners Ahnung sein Iki, das er bislang nicht zu übersetzen wagte. "Iki ist das Anmutende" (ebd.). Aus der Subjekt-Objekt-Beziehung, d.h. aus der Aesthetik, möchte er die 'Anmut' herausnehmen. "Iki ist das Wehen der Stille des leuchtenden Entzückens." Entzücken hat hier nichts mit Liebreiz, Reiz oder Impression zu tun, sondern, wie Heidegger mitdenkt, mit Fort- und Hin- und Herwinken. "Der Wink aber ist die Botschaft des lichtenden Verhüllens "(a.a.O. S. 141).
So, denkt Heidegger, hätte "alles Anwesen seine Herkunft in der Anmut im Sinne des reinen Entzückens der rufenden Stille" (ebd.).
Das Wehen der Stille, welche das rufende Entzücken ereignet, ist nach des Japaners Wort "das Waltende, das jenes Entzücken kommen lässt" (a.a.O. S. 142). Das japanische Wort für Sprache: Koto ba, das sich wie eine blosse Bilderschrift ausnimmt nennt "immer zugleich das jeweils Entzückende selbst, das einzig je im unwiederholbaren Augenblick mit der Fülle seines Anmutens zum Scheinen kommt", und "die Blätter, auch und zumal die Blütenblätter" (ebd.).
Die 'Anmut' im Koto als dem Ereignis der lichtenden Botschaft der Anmut sollte wegen ihres heutigen Daheimseins im Bezirk der Impressionen eher mit 'Huld', im Verständnisbereich des griechischen χάρις übersetzt werden. In diesem 'Huld' "spricht eher das wehende Ankommen der Stille des Entzückens" (Sprache, S. 143).

χάρις wird von Heidegger weiter erläutert als τίκτουσα - die her-vor-bringende. Das deutsche Wort dichten, tihton, sagt das Selbe. Die Huld selbst ist dichterisch, ist das eigentlich Dichtende, "das Quellen der Botschaft des Entbergens der Zwiefalt" (ebd.).
In das Ereignis der lichtenden Botschaft der hervorbringenden Huld wendet der Japaner das Koto. So besagt Koto ba als Name für die Sprache: Blütenblätter, die aus Koto stammen.

Ein wundersames und darum unausdenkbares Wort ist dies für Heidegger. Es nennt anderes als die metaphysisch verstandenen Namen: Sprache, γλῶσσα, lingua, langue und language. Ungern braucht Heidegger das Wort 'Sprache' beim Nachdenken über ihr Wesen. Er braucht das Wort 'die Sage'. "Es meint: das Sagen und sein Gesagtes und das zu-Sagende" (a.a.O. S. 145). Vermutlich heisst sagen "das Selbe wie zeigen im Sinne von: erscheinen- und scheinenlassen, dies jedoch in der Weise des Winkens" (ebd.). Die Sage ist, wie der Japaner erwähnt, nicht der Name für das menschliche Sprechen, sondern für das Wesende, welches das japanische Wort Koto ba "erwinkt: das Sagenhafte" (ebd.).
Mit dem Blick in das Wesen der Sage "beginnt das Denken erst jenen Weg, der uns aus dem nur metaphysischen Vorstellen zurücknimmt in das Achten auf die Winke jener Botschaft, deren Botengänger wir eigens werden möchten" (a.a.O. S. 145/46).
Etwas vom Wesen der Sprache als Sage zu sagen, dazu ist Heidegger nach dem Lob des Japaners vorbereitet genug. Freilich räumt er Heidegger ein, dass eigene Bemühung allein nie zureicht, doch lobt er die Bereitschaft, "auch das wegzuschenken, was wir von uns aus nur immer versuchen, ohne dass es die Vollendung erreicht hat" (a.a.O. S. 147). Aus dem, was Heidegger von der Botschaft der Zwiefalt-Entbergung und vom menschlichen Botengang andeutete, möchte der Japaner "unbestimmt vermuten, was es heisst, die Frage nach der Sprache in eine Besinnung auf das Wesen der Sage zu verwandeln" (a.a.O. S. 148). Er denkt, alles liege daran, "in ein entsprechendes Sagen von der Sprache zu gelangen" (a.a.O. S. 151). "Wo das Wesen der Sprache als die Sage die Menschen anspräche (ansagte), ergäbe sie das eigentliche Gespräch ..." (a.a.O. S. 152).
Am eigentlichen Gespräch liegt nach Heidegger alles; daran nämlich, ob es, geschrieben und gesprochen oder nicht, "fortwährend im Kommen bleibt" (Sprache, S. 152). Das stete Vorspiel zum eigentlichen Gespräch und das eigentliche Sagen, wie der Japaner einfügt, müsste Schweigen sein. Dies ist allerdings unmöglich, "solange dem Menschen nicht jener Botengang rein gewährt ist, den die Botschaft braucht, die dem Menschen die Entbergung der Zwiefalt zuspricht" (a.a.O. S. 153). Um diesen Botengang hervorzurufen, was dem Japaner viel schwerer erscheint als das Wesen des Iki zu erörtern-, müsste sich dem Botengang ereignishaft jene Weite öffnen und zuleuchten, "in der das Wesen der Sage zum Scheinen kommt" (ebd.).
Wie ein unbekannter japanischer Dichter "vom Ineinanderduften der Kirschblüte und Pflaumenblüte am selben Zweig" (ebd.) singt, so denkt sich Heidegger "das Zueinanderwesen von Weite und Stille im selben Ereignis der Botschaft der Entbergung der Zwiefalt" (ebd.).

So auch, sagt der Japaner, müsste, um das Wesen der Sage zum Scheinen zu bringen,

ein Stillendes sich ereignen, welches "das Wehen der Weite in das Gefüge der rufenden Sage beruhigte" (ebd.). An das Wesen der Sprache klingt das japanische Wort Koto ba: Blütenblätter, die "aus der lichtenden Botschaft der hervorbringenden Huld gedeihen" (ebd.).
Wer von den Heutigen, so fragen die Japaner und Heidegger, wer möchte hierin eine Aufhellung des Sprachwesens finden? Beide haben "einige Schritte auf einem Gang versucht, der sich dem Wesen der Sage anvertraut" (a.a.O. S. 154). Beide denken an "die Versammlung des Währenden", welches "als das Gewährende" währt und das Selbe bleibt wie die Botschaft, welche sie "als Botengänger braucht" (a.a. O. S. 155).

9. Die Sprache ist das Haus des Seins

Das Währende ist das uns in allem Angehende. Während be-wëgt und be-langt es uns. Während west es. In dieses Wesende gehört die Sprache. Dem alles Be-wëgenden eignet sie als dessen Eigenstes. "Das All-Bewëgende be-wëgt, indem es spricht" (Sprache, S. 201).
Aus der Sage als dem alles Be-wëgenden empfängt das, was uns als die Sprache angeht, seine Bestimmung. Das Wesen der Sprache "gehört in das Eigenste der Be-wëgung des Gegen-einander-über der vier Weltgegenden" (a.a.O. S. 214).

Als die Sage des Weltgeviertes ist die Sprache nicht nur das, wozu wir sprechenden Menschen ein Verhältnis haben. "Die Sprache ist als die Welt-bewëgende Sage das Verhältnis aller Verhältnisse" (Sprache, S. 215). Die Sprache verhält und unterhält. Sie reicht und bereichert das Gegen-einander-über der Weltgegenden. Sie hält und hütet die Gegenden, indem sie selber an sich hält. Als die Sage des Weltgeviertes be-langt uns die Sprache. Lichtend-verbergend-freigebend reicht die Sage Welt dar. Als das Be-wëgende des Weltgeviertes versammelt die Sage alles "in die Nähe des Gegen-einander-über, und zwar lautlos, so still wie die Zeit zeitigt, der Raum räumt, so still, wie der Zeit-Spiel-Raum spielt. Wir nennen das lautlos rufende Versammeln, als welches die Sage das Welt-Verhältnis be-wëgt, das Geläut der Stille. Es ist: die Sprache des Wesens" (ebd.).
Gewöhnlich denken wir die Sprache aus der Entsprechung zum Wesen des Menschen als zum ζῷον λόγον ἔχον , zum animal rationale. Die Humanitas des homo animalis verdeckt aber die Ek-sistenz und durch dieses Verhüllen den Bezug der Wahrheit des Seins zum Menschen und somit das seinsgeschichtliche Wesen der Sprache.

Seinsgeschichtlich ist die Sprache "das vom Sein ereignete und aus ihm durchfügte Haus des Seins. Daher gilt es, das Wesen der Sprache aus der Entsprechung zum Sein und zwar als diese Entsprechung, das ist als Behausung des Menschenwesens zu denken" (Hum, S. 21).
Das Denken bezieht das Sein zum Menschenwesen. Es macht den Bezug nicht, es bringt ihn dar. Im Denken kommt das Sein zur Sprache. "Die Sprache ist das Haus des Seins. In ihrer Behausung wohnt der Mensch. Die Denkenden und Dichtenden sind die Wächter dieser Behausung" (Hum, S. 5).
Dem seinsgeschichtlichen Denken zeigt sich "das künftige Geschick des Menschen

darin, dass er in die Wahrheit des Seins findet und sich zu diesem Finden auf den Weg macht" (a.a.O. S. 28). In seinem seinsgeschichtlichen Wesen wohnt sein Sein als Ek-sistenz in der Nähe des Seins. "Der Mensch ist der Nachbar des Seins" (a. a.O. S. 29).
Als Nähe eines unaufdringlichen Waltens bleibt das Sein geheimnisvoll. Nähe west als Sprache. In der Nähe, die Denken und Dichten zu Nachbarn macht, d.i. in der Sage, vermutet Heidegger das Wesen der Sprache. Zu ihr kommt, sich lichtend, das Sein. Immer ist das Sein unterwegs zur Sprache. Es ist das ek-sistierende Denken, welches das Sein in seinem Sagen zur Sprache bringt. Sie wird in die Lichtung des Seins gehoben. So ist sie, geheimnisvoll und durchwaltend.

Denkend bewohnt die Ek-sistenz das Haus des Seins.
Das Denken zeichnet den Menschen aus, der als Ek-sistenz in das Haus des Seins gehört . Mensch und Sein gehören zusammen. Wie der Stein, wie der Baum, wie der Vogel, so gehört der Mensch in das Ganze des Seins. Wie diese ist er eingeordnet in das Sein. "Aber das Auszeichnende des Menschen beruht darin, dass er als das denkende Wesen, offen dem Sein, vor dieses gestellt ist, auf das Sein bezogen bleibt und ihm so entspricht. Der Mensch ist eigentlich dieser Bezug der Entsprechung, und er ist nur dies" (Identität und Differenz, S, 22).
Der Mensch ist dem Sein vereignet, das Sein aber ist dem Menschenwesen zugeeignet. Das Eignen, worin Mensch und Sein einander ge-eignet sind, ist das Ereignis.

Im Ereignis als dem in sich schwingenden Bereich erreichen Mensch und Sein "einander in ihrem Wesen" (a.a.O. S. 30). Das Ereignis denken heisst, am Bau des in sich schwingenden Bereiches bauen. Das Bauzeug empfängt das Denken aus der Sprache. "Denn die Sprache ist die zarteste, aber auch die anfälligste, alles verhaltende Schwingung im schwebenden Bau des Ereignisses. Insofern unser Wesen in die Sprache vereinigt ist, wohnen wir im Ereignis" (ebd.). In der Sprache "kann das Reinste und das Verborgenste ebenso wie das Verworrene und Gemeine zu Wort kommen" (Erläuterungen zu Hölderlins Dichtung, S. 34).
Im Wesen des Ereignisses nimmt das Sein den Menschen "für die Wahrheit des Seins in den Anspruch" (Was ist Metaphysik? S. 50). Im Denken, das auf die Stimme des Seins hört, findet sich für das Sein "das Wort, aus dem die Wahrheit des Seins zur Sprache kommt" (ebd.).
Das Denken des Seins hütet das Wort für das Sein. In solcher Behutsamkeit erfüllt das Denken seine Bestimmung. Es sorgt für den Sprachgebrauch. "Aus der langbehüteten Sprachlosigkeit und aus der sorgfältigen Klärung des in ihr gelichteten Bereiches kommt das Sagen des Denkers. Von gleicher Herkunft ist das Nennen des Dichters" (ebd.).
Denken und Dichten sind Weisen des Sagens. Sagend, d.h. lichtend-verbergend, reichen sie Welt dar. "Das lichtend-verhüllende, schleiernde Reichen von Welt ist das Wesende im Sagen" (Sprache, S. 200).
"Der Denker sagt das Sein. Der Dichter nennt das Heilige" (WiM, S. 51). Am reinsten gleichen sich Dichten und Denken in der Sorgsamkeit des Wortes. Es gibt die "Zwiesprache der Dichter und Denker", die 'nahe wohnen auf getrenntesten Bergen' (WiM, S. 51). Das Nachbarliche, das Wohnen in der Nähe, empfängt seine Bestimmung aus der Sage, welche Denken und Dichten zueinander bringt. Aus ihrer Nähe

heben Dichter und Denker "nie Gesagtes allererst ins Wort und lassen bislang Verborgenes durch das Sagen erscheinen" (Hebel-der Hausfreund, S. 25). Dichtendes Denken und denkendes Dichten zeigen: "Die Sprache birgt den Schatz alles Wesenhaften in sich" (a.a.O. S. 25).
Das Denken ist auf das Sein als das Ankommende bezogen. "Das Denken ist als Denken in die Ankunft des Seins, in das Sein als die Ankunft gebunden. Das Sein hat sich dem Denken schon zugeschickt. Das Sein ist als das Geschick des Denkens. Das Geschick aber ist in sich geschichtlich" (Hum, S. 46).
Die Geschichte des Seins, die das Sein selber ist, beginnt als Metaphysik mit der Unterscheidung des Seins in Was-sein und Dass-sein. "Der Beginn der Metaphysik offenbart sich so als ein Ereignis, das in einer Entscheidung über das Sein im Sinne des Hervorkommens der Unterscheidung in Was-sein und Dass-sein besteht" (N II, S. 401). Die Geschichte des Seins als Metaphysik "hat ihr Wesen darin, dass sich ein Fortgang aus dem Anfang ereignet" (a.a.O. S. 486). In diesem Fortgang entlässt sich das Sein in die Seiendheit. Das Seiende übernimmt scheinbar das Erscheinen des Seins. Obschon sich das Anfängliche verhüllt, tritt im Fortgang, der den Anfang nicht aufgibt, "die Unterscheidung des Seins gegen das Seiende in die ihrerseits unbestimmte Wahrheit (Offenheit) des Seins" (a.a.O. S. 488).

Unter dem Namen 'Sein' ist unserm Denken die Sache des Denkens überliefert. Sein heisst stets: Sein des Seienden. Seiendes heisst stets: Seiendes des Seins. Ueberall bringt unser Denken zum voraus die Differenz an zwischen dem Seienden und dem Sein.
Sein sagt selber: Sein, das Seiendes ist. Hierbei spricht das 'ist' transitiv. Uebergehend, d.h. in der Weise eines Ueberganges zum Seienden west Sein. "Sein geht über (das) hin, kommt entbergend über (das), was durch solche Ueberkommnis erst als von sich her Unverborgenes ankommt. Ankunft heisst: sich bergen in Unverborgenheit: also geborgen anwähren: Seiendes sein" (ID, S. 62).
Sein und Seiendes wesen aus dem Selben, aus dem Unter-Schied; Sein im Sinne der entbergenden Ueberkommnis und Seiendes im Sinne der sich bergenden Ankunft. Ueberkommnis und Ankunft sind im Zwischen des Unterschiedes auseinander-zueinander getragen. "Die Differenz von Sein und Seiendem ist als der Unter-Schied von Ueberkommnis und Ankunft der entbergend-bergende Austrag beider" (a.a.O. S. 63). In diesem Sagen vom Austrag denkt Heidegger "an Entbergen und Bergen, an Uebergang (Transzendenz) und an Ankunft (Anwesen)" (a.a.O. S. 65).

Das Einzige des Denkens ist, die "auf den Menschen wartende Ankunft des Seins je und je zur Sprache zu bringen" (Hum, S. 46/47).
Ursprünglicher als das Denken der Metaphysik ist nach Heidegger das künftige Denken. Es ist "auf dem Abstieg in die Armut seines vorläufigen Wesens. Das Denken sammelt die Sprache in das einfache Sagen. Die Sprache ist so die Sprache des Seins, wie die Wolken die Wolken des Himmels sind" (Hum, S. 47).

IV. KAPITEL. ES KOMMT DARAUF AN, OB WIR IM ZUSPRUCH DES SEINS STEHEN

1. Denkende bergen Sein in das Wesen der Sprache

Einmal, im Beginn des abendländischen Denkens, ist nach Martin Heidegger das Wesen der Sprache im Lichte des Seins aufgeblitzt. "Einmal, da Heraklit den λόγος als Leitwort dachte, um in diesem Wort das Sein des Seienden zu denken. Aber der Blitz verlosch jäh. Niemand fasste seinen Strahl und die Nähe dessen, was er erleuchtete" (VA III, S. 25).
Heidegger denkt und dichtet am Rätsel des Seins. Es liegt ihm daran, dass das Sein des Seienden, das Seiende in seinem Sein, dass der Unterschied beider als Unterschied zur Sprache gebracht werde. Die Differenz von Sein und Seiendem ist als der Unter-Schied von Sein und Seiendem "der entbergend-bergende Austrag beider" (ID, S. 63). Im Austrag aber waltet Lichtung. Sein lichtet sich dem Menschen. Dass die Lichtung als Wahrheit des Seins sich ereignet, ist "die Schickung des Seins selbst" (Hum, S. 24).
Alles liegt Heidegger daran, dass "die Wahrheit des Seins zur Sprache komme und dass das Denken in diese Sprache gelange" (a.a.O. S. 30). Im Denken Heraklits, in seinem Wort ὁ λόγος könnte sich "das Sein des Seienden zur Sprache gebracht haben" (VA III, S. 23). Heideggers Gedanke "zur Sprache bringen" ist der: Sein in das Wesen der Sprache bergen (a.a.O. S. 23/24).

Das Wort der Denker hat indes nach Heidegger keine Autorität. "Gleichwohl verändert das Denken die Welt. Es verändert sie in die jedesmal dunklere Brunnentiefe eines Rätsels, die als dunklere das Versprechen auf eine höhere Helle ist.(a.a.O. S. 25).
Im Wort 'Sein' ist das Rätsel seit langem zugesagt. Anfänglich heisst Sein nach Heidegger Anwesen. Und Anwesen heisst: hervor-währen in die Unverborgenheit. "Sein heisst Anwesen" (VA II, S. 16). "Sein heisst Beständigkeit in Anwesenheit" (K/M, S. 217).
Als Anwesen des Anwesens ist das Wesen des Seins. Unmittelbar aus dem Wesen des Seins dachten die Griechen das Wesen der Sprache. Die Metaphysik aber -- selbst griechisch geboren -- lässt als Geschichte des Seins (nach Heidegger) das Wesen des Seins unentschieden.
Bei den alten Griechen, wo das Sein noch andeutbar ist, hält sich wie Nietzsche auch Heidegger lieber auf. So schreibt Johannes Hirschberger in seiner 'Geschichte der Philosophie'. Das Sein der Vergessenheit bzw. der Verborgenheit "entreissen und dafür sorgen, dass man es s e i n lasse, "dies 'will' erst Heidegger tun (Johannes Hirschberger, Geschichte der Philosophie/Band 2, S. 645). Weil die alte Metaphysik das nicht getan hat, soll mit ihr nach Heidegger -- im Urteil Hirschbergers -- nichts sein. "Allein Heideggers Deutung der Geschichte der Metaphysik ist eine Missdeutung" (ebd.).
Es geht um das Sein. "Gut, dann möge Heidegger uns nun sagen, was das ist" (a.a.O. S. 646). Was ist das vielberufene Sein selbst? Kann man das Sein im gesuchten neuen Denken Heideggers, das strenger ist als begriffliches Denken, kann man

dieses Sein auf sein Was befragen? "Heidegger kann auf die Frage nach dem Sein nur die eine positive Antwort geben: 'Es ist es selbst'. Etwas wenig nach dem anspruchsvollen neuen Ansatz ... Was bleibt, ist eine Art Mystik und Romantik des Seins, bei der alles auf die Hinnahme ankommt. Das drückt noch ein letzter Versuch, das Sein zu erhellen, aus, der Begriff des Ereignisses" (a.a.O. S. 648).

Es ist nach Hirschberger ein Leichtes, die Geschichte der Metaphysik zu kritisieren; "besser wäre es, das Neue und ganz andere, das Sein, das nicht wieder Metaphysik, eine Art Supermetaphysik wäre, den Abgrund also und den Ungrund sichtbar zu machen, oder aber sich in aller Form auf eine neue Mystik und Neoromantik des Seins festzulegen, die Dichtung und Wahrheit zugleich ist. Vielleicht sollte man Heidegger viel mehr, als es bisher geschah, unter dem Gesichtspunkt des Küntlerischen verstehen?" (a.a.O. S. 649).

Alfred Guzzoni, der sich im Aufsatz "Ontologische Differenz und Nichts" auf dem Boden "Heideggerschen Denkens zu bewegen versucht, heisst darin die ontologische Differenz den "Unterschied von Sein und Seiendem; in diesem Unterschied beruht das Wesen der Metaphysik" (Festschrift zu Heideggers 70. Geburtstag, S. 35).

Nach Guzzoni bedenkt die Metaphysik das Sein des Seienden als solches, ohne das Sein als solches zu erfahren. Die Metaphysik bewegt sich ständig in der Dimension, in der "Sein und Seiendes zu- und auseinandergehalten werden, ohne dass sie aber die Dimension als solche, d.h. die ontologische Differenz in ihrer Wesensherkunft erfährt und sachgemäss zur Sprache bringt" (ebd.). Heidegger aber versteht sein Denken als "Seinsfrage, als Frage nach dem Sinn, nach der Wahrheit des Seins. Zu diesem Denken gehört wesentlich das abspringende Sichüberliefern an den Wesensanfang der Metaphysik, d.h. die Besinnung auf die ontologische Differenz als solcher ist die Seinsvergessenheit. Ihr allein gilt Heideggers Denken ..." (a.a.O. S. 39).

Guzzoni meint, dass Heidegger das Sein nicht bestimme, rühre nicht von der offenkundigen Schwierigkeit her, die in der Anwendung der Frage "Was ist es?" auf das Sein liege. Die Vermeidung der Frage "Was ist das Sein?" deutet nach Guzzoni darauf hin, dass Heidegger "versucht, die Seinsfrage nicht in eine seinsbestimmende Aussage ausarten zu lassen" (a.a.O. S. 40).

Zwei Folgen für Heideggers Denken erwähnt Guzzoni so: "Erstens, dass Heidegger in gewisser Weise sehr wohl sagt, was das Sein ist, besser, was es gewesen, gewesen nämlich in der Seinsgeschichte, davon die Geschichte des Denkens, die Philosophie, zeugt. Heideggers Gedanke der Seinsgeschichte, seine Zuwendung zu dem Gesagten und dem Ungesagten in der Geschichte der Metaphysik besagen den Verzicht auf eine Bestimmung des Sinnes von Sein, zugunsten einer Offenheit für das, als was das Sein geschichtlich sich bestimmt hat ...

Ein Zweites ist Heideggers Frage nach der Sprache, die in seinem Denken immer zentralere Besinnung auf deren Wesen. Die Frage nach dem Sprachwesen ist nur von der Seinsfrage her zu verstehen. Der Notwendigkeit, dass das Denken seinen bestimmenden Charakter aufgibt, entspricht die Notwendigkeit einer Besinnung darauf, ob und wie das Denken dennoch von Sein zu sagen vermag, welche Weisen des Sagens ihm abverlangt werden" (a.a.O. S. 40/41).

Während also Hirschberger fordert, dass Heidegger uns sage, was das Sein sei, sagt es Heidegger nach der Meinung von Guzzoni in gewisser Weise sehr wohl.

Das Sein west im Wort, schreibt Irmgard Bock in "Heideggers Sprachdenken", und "der Mensch hat Sprache, aber nur als vom Sein Angesprochener. Das Sein schickt sich ihm zu im Wort und ruft sein Sprechen als Antwort hervor. Damit wird das Wort in einen ungeheuren Rang erhoben. Es birgt das Sein, kann es in diesem Bergen aber auch verbergen. Das geschieht in der Geschichte der Metaphysik, in der das Wort nur als Instrument für unser Handeln mit dem und unser Herrschen über das Seiende angesehen wird" (Irmgard Bock, Heideggers Sprachdenken, S. 72/73).
Als Hüter des Seinshauses, d.h. als Hüter der Sprache, muss der Mensch nach Irmgard Bock das Sein im Wort zu Wort kommen lassen. Der Mensch ist im nennenden Geschehen einbegriffen, in dem Sein und Seiendes in ihrem Unter-Schied deutlich werden. Der Mensch ist in diesem vom Sein gebrauchten Geschehen der Ort für das Erscheinen von Sein. "Im Andenken des Menschen vollendet sich die Zuwendung des Seins zu ihm" (a.a.O. S. 87).
Durch die Sprache tut sich das Sein auf, spricht es sich zu. Einige Worte sind dem Sein näher, sagen es ursprünglicher aus, während andere "durch den Gebrauch in die Vernutzung des Nur-so-Hingesagten geraten sind. Das Sein, das sich selbst zuschickt im Wort, kann sich auch wieder entziehen. Oft sieht es aus, als bevorzuge die Sprache die vordergründigen Bedeutungen der Worte" (Bock, Heideggers Sprachdenken, S. 89).
Der Mensch ist dem sich-zu-Sagenden überantwortet. So nur findet er in sein Wesen und kann dem Zuspruch antworten. Diese menschliche Verankerung nennt Heidegger den Brauch. "Die Sage braucht den Menschen, um zu verlauten, der Mensch braucht die Sprache, um Mensch zu sein" (a.a.O. S. 105).
Die menschliche Sprache hat ein Gegenüber, das seinerseits immer und zuerst spricht, freilich als das 'Geläut der Stille'. Dieses Gegenüber ist "das Sein als das geschichtliche Geschehen des Seienden" (ebd.). "Die anfängliche Sprache ist das Sein selbst. Das Sein spricht uns an als Sprache und unser Sprechen ist ein Ent-sprechen" (Heinrich Ott, Denken und Sein, S. 183/zitiert bei Bock, S. 105/06).

2. Des Sprachwesens Sinn ist die Wahrheit des Seins

Georg Schmidt sagt in der Festschrift zum 70. Geburtstag des Freiburger Philosophen, Martin Heidegger habe von allen Philosophen der Gegenwart "das unmittelbarste Verhältnis zur Sprache. Mit seinem 'Sprach-Denken' gehört er in die kleine Reihe derer, die uns, unbeschadet des Inhalts ihres Denkens, ein neues Bewusstsein der Sprache gegeben haben" (angeführte Festschrift, S. 264).
Ich möchte die Gabe des neuen Bewusstseins in Heideggers Haus des Seins hineindenken. Als Haus des Seins ist die Sprache die Hut des Anwesens.
Um dem Sprachwesen nachzudenken, ihm das Seine nachzusagen, braucht es nach Heidegger "einen Wandel der Sprache, den wir weder erzwingen noch erfinden können. Der Wandel ergibt sich nicht durch die Beschaffung neu gebildeter Wörter und Wortreihen. Der Wandel rührt an unser Verhältnis zur Sprache. Dieses bestimmt sich nach dem Geschick, ob und wie wir vom Sprachwesen als der Ur-Kunde des Ereignisses in dieses einbehalten werden ... Unser Verhältnis zur Sprache be-

stimmt sich aus der Weise, nach der wir als die Gebrauchten in das Ereignis gehören" (Sprache, S. 267).
In solchem Ge-hören könnte sich nach dem Sinnen Heideggers die Erfahrung ergeben, dass alles sinnende Denken ein Dichten, alle Dichtung aber ein Denken sei. Wenn das Sein selbst ins Letzte geht und die Vergessenheit umkehrt, sammelt das Denken die Sprache in das einfache Sagen. Dann ist die Sprache die Sprache des Seins, wie die Wolken die Wolken des Himmels sind (Vgl. S. 94 unten).

Martin Heidegger, der unser Verhältnis zur Sprache danach abstimmt, wie wir als die Gebrauchten in das Ereignis gehören, d.h. in das "eignend-haltend-ansichhaltende Verhältnis aller Verhältnisse" (Sprache, S. 267), fragt: "Wenn aber das Sein in seinem Wesen das Wesen des Menschen braucht? Wenn das Wesen des Menschen im Denken der Wahrheit des Seins beruht?" (Holzwege, S. 343).
Selber antwortet er darauf: "Dann muss das Denken am Rätsel des Seins dichten" (ebd.).
Vom Sein ereignet und gebraucht ist das Dasein. Der Wesensbereich des Menschen ist im Brauch des Wesens des Seins. Nur als vom Sein gebrauchte Wesende vermögen wir das Andenken des Wesens des ständig Anwesenden. Nur so dichten und denken wir am Rätsel des Anwesenheit Gewährenden. Nur an Sein, das auch auf Dasein bezogen ist, vermögen wir zu denken.
Das Sein selbst bedarf eines Helligkeitsbereiches. Das Sein selbst "muss notwendigerweise ein ursprünglich lichtendes Wesen wie den Menschen in Anspruch nehmen, damit Anwesendes in sein Anwesen und Erscheinen hervorzukommen vermag und es so überhaupt Seiendes geben kann" (Medard Boss in der Festschrift zu Heideggers 70. Geburtstag, S. 285).
Dieses Lichtung-Sein ist das Menschenwesen. Der Mensch "west so, dass er das 'Da', das heisst die Lichtung des Seins, ist. Dieses 'Sein' des da, und nur dieses, hat den Grundzug der Ek-sistenz, das heisst des ek-statischen Innestehens in der Wahrheit des Seins" (Hum, S. 15). Als Arzt betont Medard Boss, dass ein Psychiater erst wieder Halt gefunden habe, als er nach der Erfahrung der Offenheit des Denkens in Heideggers 'Sein und Zeit' jenen ursprünglichsten Wesenszug des Menschseins habe sehen lernen, der als das primäre Seinsverständnis und dann als Lichtung des Seins erläutert werde. Immer gehören "im daseinsanalytischen Denken das wesensmässige Sein der Lichtung oder des 'Da' als Existential und die konkreten, existentiellen Verhaltensweisen des Menschen zusammen" (Angeführte Festschrift, S. 284/85).
Das daseinsanalytische Menschenverständnis drängt - nach Medard Boss - dem Arzte, dem Biologen oder dem Anthropologen keine neuen Begrifflichkeiten und Redewendungen auf. Vielmehr hält es die Wissenschaftler an, "die konkreten Beziehungsmöglichkeiten der Menschen auf Grund seines stillschweigenden Wissens um deren lichtendes Wesen mit besonderer Sorgfalt und Liebe zum Vorschein zu bringen" (a.a.O. S. 285/86).
Ein Mensch-sein, und darum geht es uns mit Heidegger, ein Mensch-sein gelingt, wenn ein Mensch sich "die ihm gegebenen und sein Wesen ausmachenden Verhaltens- und Erschliessungsmöglichkeiten dem ihm Begegnenden gegenüber aneignet, als die seinen wissentlich übernimmt und sie zu einem eigenständigen Selbstsein versammelt" (a.a.O. S. 286).

Die wesentlichste Bedeutung von Martin Heideggers Daseinsanalyse liegt nach Medard Boss in den grundlegenden Hilfen für den Arzt. Das daseinsanalytische Menschenverständnis lässt ihn einsehen, "dass der Mensch als Lichtung des Seins wesensmässig dessen Hüter und Diener ist und zu sein hat" (a.a.O. S. 289). Mit dieser Einsicht wird der Arzt überhaupt erst so ganz des Sinnes und der Berechtigung seines fürsorglichen Berufes inne. Die einspringende und vorspringende Fürsorge, welche Heidegger als Verhaltensmöglichkeiten beschreibt, preist Boss als "unübertreffliche Weisung für die Einstellung namentlich des psychotherapeutisch tätigen Arztes seinen Kranken gegenüber" (ebd.).
Die einspringende, Sorge abnehmende Fürsorge bestimmt das Miteinandersein in weitem Umfange. Die vorausspringende Fürsorge nimmt Sorge nicht ab, sondern gibt sie als solche zurück. "Diese Fürsorge, die wesentlich die eigentliche Sorge – das heisst die Existenz des Anderen betrifft und nicht ein Was, das er besorgt, verhilft dem Anderen dazu, in seiner Sorge sich durchsichtig und für sie frei zu werden" (SuZ, S. 122).
Nach Medard Boss hat der Psychotherapeut, welcher Heideggers Sätze über die einspringende Fürsorge als Mahnung für sein Benehmen gegenüber seinen Kranken beherzigt und die Worte über die vorspringende Fürsorge als Richtlinie für das bestmögliche psychotherapeutische Verhalten wahr-nimmt, die eigentliche Grundeinstellung für ein wirklich fruchtbares ärztliches Tun gewonnen. "Vor allem aber gewinnt der Arzt durch die Entdeckungen der Daseinsanalytik eine neue Ehrfurcht vor allem ihm Begegnenden zurück. Denn begreift er sich als der vom Sein selbst in Anspruch genommene Lichtungsbereich, in den hinein das Anwesende zum Vorschein und zur Entfaltung des ganzen Reichtums seines je eigenen Wesensgehaltes gelangen kann, so weiss er auch um die Unmittelbarkeit der sich ihm zusprechenden Wirklichkeit. Damit erlangt er zugleich die Gnade, das ihm Begegnende in dessen eigener Würde und Unversehrtheit sein und gelten zu lassen und sich ihm gegenüber als wahrhaft getreuer Diener und Hüter des Seins bewähren zu wollen" (angeführte Festschrift, S. 290).
Dass ein Arzt dank der Daseinsanalyse im Sinne Martin Heideggers zu neuer Ehrfurcht vor allem ihm Begegnenden kommen kann und das Begegnende in dessen Würde sein lassen und so ein dienender Hüter des Seins werden will, das ist denkwürdig. Das ent-spricht Heideggers Sinnen über den Humanismus. Wie Goethe zur Ehrfurcht vor allem hinweist, so gibt Heidegger einem Arzt neue Ehrfurcht vor allem Begegnenden. Hier zeigt sich, dass eine Wahrheit für alle Wahrheit ist und dass die eine Wahrheit frei macht. Wie nahe ist hier Heideggers Gedanke, dass Wahrheit Freiheit sei. Ich möchte denken: Wahrheit macht den Menschen frei für die Humanitas. "Die Wahrheit des Seins denken, heisst zugleich: die humanitas des homo humanus denken" (Hum, S. 37).
Heidegger betont indes, das Denken, welches nach der Wahrheit des Seins frage und dabei den Wesensaufenthalt des Menschen vom Sein her und auf dieses hin bestimme, sei weder Ethik noch Ontologie. Dennoch gilt die Frage: "Wenn das Denken, die Wahrheit des Seins bedenkend, das Wesen der Humanitas als Ek-sistenz aus deren Zugehörigkeit zum Sein bestimmt, bleibt dann dieses Denken nur ein theoretisches Vorstellen vom Sein und vom Menschen, oder lassen sich aus solcher Erkenntnis zugleich Anweisungen für das tätige Leben entnehmen und diesem an die Hand gehen?" (Hum, S. 42).

Heidegger antwortet: "Dieses Denken ist, insofern es ist, das Andenken an das Sein und nichts ausserdem. Zum Sein gehörig, weil vom Sein in die Wahrnis seiner Wahrheit geworfen und für sie in den Anspruch genommen, denkt es das Sein. Solches Denken hat kein Ergebnis. Es hat keine Wirkung. Es genügt seinem Wesen, indem es ist. Aber es ist, indem es seins Sache sagt. Der Sache des Denkens gehört je geschichtlich nur eine, die ihrer Sachheit gemässe Sage. Deren sachhaltige Verbindlichkeit ist wesentlich höher als die Gültigkeit der Wissenschaften, weil sie freier ist. Denn sie lässt das Sein - sein" (ebd.).
Wahrheit ist nach Heidegger Freiheit und Freiheit ist Seinlassen (Vgl. S. 19/WdW).

Jean Beaufrets Frage nach der Beziehung von Ontologie und Ethik, auf die Heidegger mit obigen Worten entgegnet hat, entspricht das Andenken vonseiten des Arztes Medard Boss eigentlich. Was Martin Heidegger, ein dichtender Seinsdenker, in männlicher Sachlichkeit inbezug auf die Sorge über das Mitsein des Daseins sagt, bedenkt einer um je einzelnes Daseinswohl Besorgter, ein vom Sein der Wahrheit in Anspruch Genommener. Vom Sinn und damit von der Wahrheit des Seins des Daseins ergriffen, will er als Heilender in treuem Dienste dem Sein je Einzelner entsprechen.
"Der Denker sagt das Sein. Der Dichter nennt das Heilige, "sagt Heidegger (WiM? S. 51). Ist es nicht so, dass der Arzt, dem das Sein heilig ist, zum Heile sein kann? Ja, nicht umsonst haben sich Aerzte unserer Tage an dichtenden Denkern, welchen das Sein des da-seienden Menschen heilig ist, orientiert. Die Daseinsanalytik hilft ihnen, dem Heile des je Einzelnen, in seiner Existenz einmalig Anwesenden, von ihm angesprochen, dienend zu entsprechen.
Nicht nur die Aerzte, Dichter und Denker, nicht nur die Therapeuten, Psychologen und Anthropologen, nciht nur die Eltern, Seelsorger und Lehrer, alle können sich vom Sein ihrer Mitseienden in Anspruch nehmen und diesen Anspruch in etwa entsprechen. Alle sind dazu im Brauch.
Insofern gibt es nur ein Ja auf Heideggers Frage: Wenn aber das Sein in seinem Wesen das Wesen des Menschen braucht? (Hw, S. 343). Alle Menschen hat das Sein in seinem Brauch. Alle sind gebraucht, auf das Mitsein zu hören, sich vom Sein des Mitseins ansprechen zu lassen und diesem je einzelnen Mit-Sein zu entsprechen.
In solchem Entsprechen entsprechen sie ihrem Wesen. Darum ist Heideggers folgende Frage bereits bejaht: Wenn das Wesen des Menschen im Denken der Wahrheit des Seins beruht? (ebd.).

Das Wesen des Menschen beruht im Sinne des Seins. Der Seinssinn tut sich nur dem Denkenden auf. Diesem Auftun, dieser Offenheit entsprechen heisst, sich als Mensch integrieren. Die Integration zum Mensch-sein west im denkenden Entsprechen der Sprache dieses Wesens. Die Sprache dieses Wesens entspricht dem Wesen seiner Sprache. In der Sprache des denkenden Menschen aber kommt das Sein zur Sprache. "Die Sprache ist das Haus des Seins. In ihrer Behausung wohnt der Mensch" (Hum, S. 5).
In der Sprache haben wir unsern Aufenthalt.

Ist aber nicht unser ganzes Dasein ein Ringen um die Aufenthaltsbewilligung im

Haus des Seins? Sind wir als Menschen in diesem Bereich unseres Wesens integriert? Ich habe Bedenken.

Wenn wir die Sprache ernst nähmen, könnten wir uns den Aufenthalt in ihr selbst gestatten. Der Weg zum gesuchten Ruhepunkt ist möglich. Anhand der Daseinsanalytik erreichen wir ein besseres Verständnis unseres Seins selbst. Anstatt quälendster Versuche der Selbsterkenntnis, womit lange Zeit oder oft in unklarem Horizont von Seinsverständnis, Kinder und Jugendliche und lebenslänglich geistig Unfreie aus religiösen Angst-Ansprüchen bedacht wurden, ist schon eine freie Beschreibung seiner selbst vonseiten eines Kindes ein Weglein hin zur Stätte der Offenheit des Seins. Wenn ein Kind ungefragt schreibt: "Ich habe in meinem Zimmer noch zu wenig Ordnung", antwortet es ungezwungen einem Anspruch seines Seins. Wenn ein Jugendlicher vor seiner Klasse meldet: "Nicht der abwesende Mitschüler, sondern ich bin für diese Sache verantwortlich", ist er in Freiheit vom Sein in die Wahrnis genommen und unterwegs zum eigentlichen Menschsein. Wenn Erwachsene, aufgrund angstvoller Fehlleitungen desintegriert, psychoanalytische Wege waten, kann ihnen ihr Sein für sie freigegeben werden, so dass sie in Ehrfurcht davor dem Mitsein und in der Folge der Wahrheit des Seins überhaupt entsprechen und dienen dürfen. Denn der Wahrheit des Seins dienen heisst, dem verstandenen Sinn des Seins, dem Sein als Sein gelassenes Sein ent-sprechen.

Ein Seinsdenken wie das Martin Heideggers ist nicht folgenlos. Heideggers Daseinsanalytik will den ganzen Menschen wahrnehmen. Das Menschsein ist aber erst im Tode ganz. Erst der Tod ist die letzte, unüberholbare Möglichkeit des Seinkönnens des Daseins. Bis zum Tode liegt im Wesen der Grundverfassung des Daseins "eine ständige Unabgeschlossenheit. Die Unganzheit bedeutet einen Ausstand an Seinkönnen" (SuZ, S. 236).
Das zum Dasein gehörige Noch-nicht bleibt nicht nur für die Erfahrung unzugänglich, es ist überhaupt noch nicht wirklich. Man erinnert sich hier eines Wortes von Epikur: "Der Tod geht uns nichts an; denn solange wir sind, ist der Tod nicht, und wenn der Tod ist, sind wir nicht" (Gerhard Kropp, Philosophie/Ein Gang durch ihre Geschichte, S. 40). Heidegger aber sagt: "Der Tod ist eine Weise zu sein, die das Dasein übernimmt, sobald es ist" (SuZ, S. 245). Die Seinsmöglichkeit Tod hat je das Dasein selbst zu übernehmen. Faktisch stirbt das Dasein, solange es existiert. Die Angst vor dem Tode ist Angst vor dem unüberholbaren Seinkönnen.

Niemand zweifelt daran, dass man stirbt. Aber "das Man lässt den Mut zur Angst vor dem Tode nicht aufkommen" (a.a.O. S. 254). In der Angst vor dem Tode wird das Dasein als der unüberholbaren Möglichkeit vor es selbst gebracht. "Das Man besorgt die Umkehrung dieser Angst in eine Furcht vor einem ankommenden Ereignis. Die als Furcht zweideutig gemachte Angst wird überdies als Schwäche ausgegeben, die ein selbstsicheres Dasein nicht kennen darf. Was sich gemäss dem lautlosen Dekret des Man 'gehört', ist die gleichgültige Ruhe gegenüber der 'Tatsache', dass man stirbt. Die Ausbildung einer solchen 'überlegenen' Gleichgültigkeit entfremdet das Dasein seinem eigensten, unbezüglichen Seinkönnen" (ebd.).

Wie anders denkt Heidegger als Epikur! Beruhigung und Entfremdung kennzeichnen

nach ihm die Seinsart des Verfallens. "Das alltägliche Sein zum Tode ist als verfallendes eine ständige Flucht vor ihm" (ebd.).
Im Sein zum Tode soll sich aber der Tod als Möglichkeit enthüllen. Dies ist möglich, wenn sich das Sein zum Tode als Sein zur Möglichkeit verhält. Solches Sein zur Möglichkeit ist Vorlaufen in die Möglichkeit. "Das Vorlaufen erweist sich als Möglichkeit des Verstehens des eigensten äussersten Seinkönnens, das heisst als Möglichkeit eigentlicher Existenz" (a.a.O. S. 263). Im Vorlaufen erst kann sich das Dasein seines eigensten Seins in seiner unüberholbaren Ganzheit vergewissern. Das Vorlaufen entreisst dem Dasein das Man-sein und bringt es vor die Möglichkeit, es selbst zu sein, selbst in der "ihrer selbst gewissen und sich ängstenden Freiheit zum Tode" (a.a.O. S. 266).
So denkt Heidegger über das eigentliche Sein zum Tode, welches als Sein des Daseins Sorge ist. "Das Sein zum Tode gründet in der Sorge" (Vgl. S. 64 oben).

Der Ruf der Sorge aber ist das Gewissen. Dieses offenbart sich als eine "zum Sein des Daseins gehörende Bezeugung, in der es dieses selbst vor sein eigenstes Seinkönnen ruft" (SuZ, S. 288). Das im Dasein durch sein Gewissen bezeugte angstbereite Sichentwerfen auf das eigenste Schuldigsein nennt Heidegger die Entschlossenheit. Sie ist die Eigentlichkeit der Sorge selber.

Tod, Gewissen und eigenstes Schuldigsein vergisst Heidegger in seinem Denken nicht. Das Sein des Daseins, welches Sorge ist, ist Sein zum Tode.
Ist das tragische Philosophie? Schon mehrmals hörte ich, Heideggers Denken inbezug auf das Ende des Daseins sei tragisch, weil das Sein zum Tode im Nichts ende. "Weil das Dasein keinen Grund hat, entspringt es dem Nichts; und weil das Sein des Daseins ein Sein-zum-Tode ist, endet es ebenfalls im Nichts" (Gerhard Kropp, Philosophie/Ein Gang durch ihre Geschichte, S. 171).
Zwar nicht Gerhard Kropp spricht von Tragik; aber seinen angeführten Satz deuten andere als tragisch. Heidegger philosophiert phänomenologisch. Für ihn ist Philosophie nur als phänomenologische Ontologie möglich; Phänomenologie identifiziert er sachhaltig mit Ontologie (Vgl. S. 29ff oben). - Phänomenologisch nun stimmt es, dass das Dasein mit dem Tode endet; solange der Tod aussteht, fehlt dem Dasein das Letzt-Mögliche zu seinem Seinkönnen. Mit dem Tode 'ist' das Nicht-mehr-Dasein 'da'; dann 'ist' das Nicht-sein des Daseins.
Theologisch und christlich ist selbstredend mit dem Tode nicht das Ende dessen, welches Dasein gewesen ist. Aber Heidegger will ja in seiner bisherigen Fundamentalontologie und Ontologie nicht auch theologisch und christlich argumentieren, sondern an das Sein des Daseins und an das Sein an sich denkend.
So kann auch eine Interpretation schliessen: "Die Erfahrung des Nichts umgreift also sämtliche Erstreckungen des Daseins und stellt damit den Menschen vor das Ganze seines Daseins. Indem er dieses in der Entschlossenheit ergreift, kommt er zur Eigentlichkeit. Sie würde Sinnlosigkeit und so hoffnungslose Tragik bedeuten, wenn das Nichts die absolute Leere meinte. Tatsächlich aber zeigt sich im Schleier des Nichts (alles Innerweltlichen) das Sein, in dem sich über den blossen Entwurf des Menschen hinaus eine überweltliche (göttliche) Wirklichkeit anzukündigen scheint" (Walter Brugger, Philosophisches Wörterbuch, S. 95).
Im letztangeführten Satz klingt nun freilich eine Zuversicht an, im Denken Heideg-

gers möchte sich über das nicht ganz analysierbare Seinkönnen des Daseins ein göttlicher Seinsbereich ankündigen. Natürlich möchte ich diese Zuversicht auch hegen und dabei an Gedanken in Heideggers Gespräch mit einem Japaner erinnern. Heidegger sagt dort, ohne theologische Herkunft wäre er "nie auf den Weg des Denkens gelangt. Herkunft aber bleibt stets Zukunft" (Sprache, S. 96 und vgl. S. 84/85 oben).
Bezüglich des Nichts, das Heidegger an dieser Gesprächsstelle jenes Wesende nennt, "das wir als das Andere zu allem An- und Abwesenden zu denken versuchen," erklärt der Japaner, das von Heidegger erörterte Nichts werde bei den Japanern nicht wie bei den Europäern nihilistisch gedeutet, sondern als "der höchste Name für das, was Sie mit dem Wort 'Sein' sagen möchten ..." (Sprache, S. 108/09 und vgl. S. 86 oben).
Neben Brugger respektiert ein weiterer Vertreter seiner Ordensgesellschaft die existenzial-ontologischen Gedankengänge Martin Heideggers im Hinblick auf seine Daseinsphilosophie: "Wenn es Heidegger vorzieht, 'im Bereich des Denkens von Gott zu schweigen', so geschieht das keineswegs aus irgendeinem Atheismus, sondern weil 'der onto-theologische Charakter der Metaphysik ... fragwürdig geworden' ist, und zwar in dem Sinne, dass sich darin 'die noch ungedachte Einheit des Wesens der Metaphysik gezeigt hat' "(Festschrift zum 70. Geburtstag, J.B. Lotz, S. 181 und Heidegger/ID, S. 51).

Das Dasein also mit Einbezug seiner letzten Daseinsmöglichkeit, den Menschen mit seinem Gewissen, den einzelnen Menschen mit seinem Vorlaufen in den Tod will Martin Heidegger bedenken. Das Dasein will er auf sein Sein hin befragen. Am Dasein will er das Sein als Letztes letztmöglich ablesen; oder wenn nicht letztmöglich, so bestmöglich.
Alle Seiten des Daseins möchte Heidegger lesen. Er weiss indes, dass er nie die letzte Seite im Dasein als ganze wird sammeln können. Wie er um den Verzicht des Dichters auf das fehlende Wort weiss, so weiss er um das Nicht-Hinaus-Sehen des Menschen. Dem Sein des Daseins entsprechend räumt er ein, dass die Daseinsanalyse beschränkt bleibt. Er kennt das Müssen des Ausbleibens. Und gibt es zu. Wie der Dichter, obschon er den Verzicht gelernt hat (So lernt ich traurig den verzicht; kein Ding sei wo das wort gebricht/Vgl. S. 55ff oben), nicht auf das Sagen verzichtet und so das Verhältnis zum Wort wahrt --- übrigens eines der feinsten Zeugnisse für Heideggers Verhältnis zur Sprache --- so muss der Denker die Daseinsbetrachtung mit dem Ausstehen der letzten Möglichkeit ins Verlauten des eigenen Seinkönnens mitnehmen. "Das Wesensverhältnis zwischen Tod und Sprache blitzt auf, ist aber noch ungedacht. Es kann uns jedoch einen Wink geben in die Weise, wie das Wesen der Sprache uns zu sich be-langt und so bei sich verhält, für den Fall, dass der Tod mit dem zusammengehört, was uns be-langt" (Spr. S. 215).

Weitgehendes Daseinsverständnis führt zu tieferem Seinsverständnis schlechthin. Seinsverständnis schlechthin aber ist tiefstes menschliches Anliegen.
Im Denken an den unausweichlichen, rätselhaften Tod geht die Vergänglichkeit und Hinfälligkeit unseres Lebens durch Mark und Bein. So äussert sich Hajime Tanabe aus dem Gedanken an die Erweiterung und Machtentfaltung des menschlichen Lebens, welcher Gedanke allem neuzeitlichen Denken zu Grunde liegt und es durchherrscht,

im Grunde aber nur wie ein fremdes, leeres Gerede ansprechen kann, "auch wenn er die altehrwürdigen Gedanken der antiken Philosophen übernommen und zugleich seine Behauptungen im Idealismus begründet hat" (Festschrift zum 70. Geburtstag, S. 93).
Gerade deshalb wurde Tanabe beim Hören der Vorlesungen von Professor Heidegger 1922/23 "dadurch tief ergriffen, dass in seinem Denken ein Sich-Besinnen auf den Tod zum Zentrum der Philosophie geworden ist und sie von Grund auf stützt. Ich konnte nicht umhin, den Eindruck zu haben, dass gerade hier ein Weg zu der von mir gesuchten Philosophie gefunden worden ist. Also habe ich erst durch Professor Heidegger den Weg des Philosophierens gelernt. In diesem Sinne ist er mein eigentlicher Lehrer, dem ich zu tiefem und herzlichem Dank verpflichtet bin" (a.a.O. S. 94).

Würde das Sich-Besinnen auf den Tod zu einem alltäglichen Moment auch der Jugend und des sogenannten Reifealters, dann eben würden die Menschen in der Sorge sich mehr durchsichtig und damit für die Sorge freier (Vgl. S. 99 oben).
Im heutigen Strassenverkehr zum Beispiel, wo das Menschenleben den Mähmaschinen des 'Uebergeschwindigkeits-Todes' nur so überlassen wird, entspricht des Kleinkindes wie des Greises Verständnis für ein an sich sinnloses plötzliches Nichtmehr-Dasein dem Möglichkeitsbereich derer, die solcher Sinnlosigkeits-Macht der Technik --- die zu beherrschen in der Möglichkeit des denkenden Menschen läge --- zum Opfer fallen oder mit oder ohne ihr Lebensopfer hiefür ihrer Verantwortung nicht entsprechen können. Wenn daher ein Polizist im öffentlichen Verkehrsunterricht Schulkindern Lichtbilder über grässliche Verkehrsunfälle zeigt, welche Bilder tote Kleinkinder und Schulkinder als 'Gewesene' darbieten, ist dies nicht rücksichtslos, sondern entspricht dem Gefährdetsein auf den Konkurrenzbahnen vieler Todesarten. Wenn bei einer solchen Bildervorführung der Polizeimann den Schülern ans Herz legt: "Weil das grössere Geschwisterlein für das Kleine zu wenig Sorge trug, musste dieses leider sterben", entspricht des Schutzmanns Sinn für die ihm aufgegebene Sorge um die öffentliche Verkehrssicherheit wahrhaftig.
Was viele inbezug auf die mögliche Macht der Atombombe ängstigt, gilt verhältnismässig auch für das bedenkliche Sein im Strassenleben. "Das wissenschaftlich-technische Denken, wie es die abendländisch-europäische Kultur auszeichnet, hat eine so unaufhaltsame Entwicklung genommen, dass Wissenschaft und Technik heute gegen ihre anfängliche Absicht, dem Wohl der Menschheit zu dienen, in die Gefahr geraten sind, die Vernichtung der Menschheit heraufzubeschwören. Darin liegt ein offener Widerspruch. Von daher hat sich jetzt für die Gegenwart die Aufgabe ergeben, eine Kritik der Wissenschaft im Rahmen der europäischen Kultur zu vollziehen" (Tanabe/a.a.O. S. 108).
Nach Tanabe denkt Heidegger inmitten solcher Situation etwa so: "Es ist jetzt notwendig, ja sogar eine Bestimmung des geschichtlichen Menschen, dass wir das wissenschaftliche Denken über das Seiende einmal in den Abgrund des Nichts stürzen lassen, den Bereich des durch die Wissenschaft unerreichbaren Denkens des Seins selbst, d.h. des 'wesentlichen Denkens' erreichen, uns im Danken der Gunst des Seins opfern und so in der Gelassenheit die offene und edelmütige Freiheit gewinnen" (ebd.).
Als Gelassenheit ahnt Heidegger das Wesen des Denkens. "Die Gelassenheit zur Gegnet ahnen wir als das gesuchte Wesen des Denkens ... Offenbar ist das Wesen

des Menschen deshalb der Gegnet gelassen, weil dieses Wesen so wesenhaft der Gegnet gehört, dass diese ohne das Menschenwesen nicht wesen kann, wie sie west" (Gelassenheit, S. 59/64).
Als Gegnet kennzeichnet Heidegger das verborgene Wesen der Wahrheit. Die Wahrheit aber, welcher der Mensch in seinem Wesen übereignet ist, braucht den Menschen. Der Mensch, als Einziger unter allem Seienden, ist der in seinem Wesen in die Wahrheit des Seins Gerufene. Das Opfern nun "der Gunst des Seins", wie Tanabe interpretiert, ist das aus dem Abgrund der Freiheit erstehende Verschwenden des Menschenwesens "in die Wahrung der Wahrheit des Seins für das Seiende. Im Opfer ereignet sich der verborgene Dank, der einzig die Huld würdigt, als welche das Sein sich dem Wesen des Menschen im Denken übereignet hat, damit dieser in dem Bezug zum Sein die Wächterschaft des Seins übernehme" (WiM? S. 49).

Das Opfer ist heimisch im Wesen des Ereignisses. Als Ereignis nimmt das Sein den Menschen für die Seinswahrheit in den Anspruch. Jeder geschichtliche Mensch handelt aus dem Angesprochensein "auf dem Gang zur Wahrung der Gunst des Seins" (ebd.). Jeder geschichtliche Mensch bewahrt aus wesentlichem Denken "das erlangte Dasein für die Wahrung der Würde des Seins" (a.a.O. S. 50). Das wesentliche Denken ist aufmerksam auf die Wahrheit des Seins. So hilft es dem Sein der Wahrheit, "dass es im geschichtlichen Menschentum seine Stätte findet" (ebd.).
Der Stimme des Seins gehorsam, sucht das Denken dem Sein das Wort, "aus dem die Wahrheit des Seins zur Sprache kommt" (WiM? S. 50). Damit gibt es dem Menschen das Vermögen, die Wahrheit, d.h. die Freiheit des Sich-einlassens auf das Seiende, zu tun und zu sagen. Der Mensch, welcher auf die Stimme des Seins hört, ent-spricht dieser Stimme, weil er in die Stimmung des Seins ge-hört.
Wenn die Menschen lernen, vor dem Sprechen auf das Sein zu hören, gewinnen sie ein ausgeprägtes Seinsverständnis. An Mitseienden, welche seinshöriger sind, können sie mehr Verständnis sammeln. In solcher Sammlung --- Heidegger deutet diese Versammlung als Λόγος --- werden sie die Wahrheit ablesen, dass dem Wahrsein im Seinsganzen das Wahrhaftigsein des einzelnen Menschen genau ent-spricht.

Leider sind die Menschen so weit in der Irre, dass sie die Würde für die Schönheit des Wahren weithin übersehen. So übersehen sie auch die Würde des Mitseins. Achteten w i r die Seinswürde im Mitmenschen, dann würden wir diese Würde respektieren. In der Sorge um die Mitseienden und um uns würden wir die Würde der Wahrheit des Seins mit der Weihe der wahrhaftigen Sprache hüten. Das Sein des Daseins als Sorge, als Sein zum Tode, würde sorgsam gehütet. Damit auch würde das Sein überhaupt, dem wir nur über das Dasein näher kommen können, als Sinn gewahrt. Heideggers Wort vom Menschen als dem Hirten des Seins, als dem Nachbarn des Seins (Hum, S. 29) klingt poetisch, ist aber ein gelassen ausgesprochenes Wort, das aus der Stimme des Seinsgehorsams gedacht ist. Sein und Leben in der menschlichen Gesellschaft werden human sein, wenn die Menschen mit jenem Wort wahrhaftig umgehen, aus dem die Wahrheit des Seins ankommen kann. "Erst wenn die Sprache des geschichtlichen Menschen aus dem Wort entspringt, ist sie im Lot" (WiM? S. 50).
Unser derzeitiges Gespräch, das wir Menschen gewisserweise sind, steht nicht im Lot. Dem verworrenen Gespräch entspricht die Verworrenheit des Zusammenseins.

Die Zeit, bzw. der Horizont unseres Seinsverständnisses ist dunkel. Tanabe nennt das Atomzeitalter "Zeit des Todes" (Tanabe/a.a.O. S. 116). Die "Neuzeit des Lebens", die voll Vertrauen auf die Allmacht der Wissenschaft und Technik sich gründete, wird sich ihrem Ende nähern. Ueber den teleologischen Standpunkt hinaus, der Wissenschaft und Technik geboren hat, besteht nach Tanabe einzig die absolute Ruhe, "dass einer in der Durchführung des auf jenem Standpunkt sich ergebenden Widerspruches bis zum Abgrund zugrunde geht, in sich das Sterben als Schicksal des Lebens willig erträgt und frei bejaht, und zugleich die infinitesimale Freude der verwandelnden Auferstehung im Augenblick des Ewigen in Dankbarkeit erfährt und diesen Umschlag im gleichzeitigen Miteinander der Anderen in integraler Weise verwirklicht und bewährt. Es bedeutet keine Versenktheit ins Spiel, sondern ist eine Pflicht des geschichtlichen Ernstes, dafür zusammenzuwirken, dass eine solche Gemeinschaft der Menschen sich zeitigt" (Tanabe/a.a.O. S. 116/17).

Leichter fasslich und gleichnishaft anders als Tanabe, der vom buddhistischen Denken her Leben und Tod, hin-gängiges Sterben und her-künftiges Auferstehen mit Heideggers "Entschlossenheit zum Tode und mit dem Vermögen der Sterblichen, den Tod zu vermögen" (a.a.O. S. 126), in Beziehung bringt; anders und doch verwandt inbezug auf das Dasein sagt es Goethe's 'Selige Sehnsucht': "... Das Lebendige will ich preisen, das nach Flammentod sich sehnet ... Und solang du das nicht hast, dieses: Stirb und werde! bist du nur ein trüber Fast auf der dunklen Erde" (Aus dem West-Oestlichen Divan, Goethes Werke in zwei Bänden, I, S. 162).

Dieses Untergehen und Auferstehen, das Goethe hier dem persönlichen Mensch-Werden zudenkt, ist natürlich nur gleichnishaft zu beziehen auf Heideggers Denken vom faktischen Sterben des Daseins, solange es existiert, und vom Vorlaufen in den Tod als dem verstehenden Sein zum Tode.
Die den Tod als Tod erfahren können, sind die Sterblichen. Im vorlaufenden Freiwerden für den eigenen Tod befreit sich der Sterbliche, befreit sich das Dasein von der Verlorenheit in die zufällig sich andrängenden Möglichkeiten und versteht und wählt allererst die faktischen. Frei für die vom Ende her bestimmten Möglichkeiten, verkennt es weniger die Möglichkeiten der Anderen. Als unüberholbare Möglichkeit kann der Tod das Dasein als Mitsein verstehend machen "für das Seinkönnen der Anderen" (SuZ, S. 264).
Nicht als Tod vermag das Tier den Tod zu erfahren. Nicht auch vermag es zu sprechen. Tod und Sprache wesen nach Heidegger in noch ungedachtem Verhältnis.
Die Sprache erst befähigt den Menschen, das Lebewesen Mensch zu sein. Als der Sprechende ist der Mensch: Mensch.
Seine Heimat hat der Mensch in der Sprache. Sie aber "ist das Haus des Seins. In ihrer Behausung wohnt der Mensch" (Hum, S. 5).
Der Mensch betrachtet nach Heidegger immer nur das Seiende. Das Sein als Geschick, das Wahrheit schickt, bleibt verborgen. In der Seinsverlassenheit des Seienden beruht die Heimatlosigkeit. "Sie ist das Zeichen der Seinsvergessenheit. Dieser zufolge bleibt die Wahrheit des Seins ungedacht" (Hum, S. 26).

Die Heimatlosigkeit wird ein Weltschicksal. "Darum ist es nötig, dieses Geschick

seinsgeschichtlich zu denken" (a.a.O. S. 27).
Ein seinsgeschichtliches Geschick ist in ihrem Wesen die Technik. Die Technik stammt wesensgeschichtlich aus der τέχνη als einer Weise des ἀληθεύειν das heisst des Offenbarmachens des Seienden. Als eine Gestalt der Wahrheit gründet sie in der Geschichte der Metaphysik. "Die Technik ist in ihrem Wesen ein seinsgeschichtliches Geschick der in der Vergessenheit ruhenden Wahrheit des Seins" (Hum, S. 27). Die moderne Technik "bringt den Menschen auf den Weg jenes Entbergens, wodurch das Wirkliche überall, mehr oder weniger vernehmlich, zum Bestand wird. Auf einen Weg bringen - dies heisst in unserer Sprache: schikken. Wir nennen jenes versammelnde Schicken, das den Menschen erst auf einen Weg des Entbergens bringt, das Geschick" (Die Technik und die Kehre, S. 24).

Das Geschick des Seins ist es, aus dem nach Heidegger die Gestalt der Metaphysik die Heimatlosigkeit hervorruft. Die Metaphysik verfestigt die Heimatlosigkeit und verdeckt sie zugleich als Heimatlosigkeit.
Metaphysisch denken ist für Heidegger wie ein Wandern in der Fremde.
Wesentlich denken ist für Heidegger ein Hüten des Wortes am heimischen Feldweg.
In solcher Behutsamkeit erfüllt das Denken des Seins seine Bestimmung. "Es ist die Sorge für den Sprach-gebrauch" (WiM? S. 50). Der reichlich spät beredete Sprachverfall ist zwar nicht der Grund, sondern bereits die Folge dessen, dass die Sprache "unter der Herrschaft der neuzeitlichen Metaphysik der Subjektivität fast unaufhaltsam aus ihrem Element herausfällt. Die Sprache verweigert uns noch ihr Wesen: dass sie das Haus der Wahrheit des Seins ist" (Hum, S. 9).

Dabei liegt alles "einzig daran, dass die Wahrheit des Seins zur Sprache komme und dass das Denken in diese Sprache gelange" (a.a.O. S. 30).
Die Wahrheit des Seins ist der Sinn des Seins, ist das Sein selber. Es kommt darauf an, dass die Wahrheit des Seins in den Wohnraum des Seins komme; dass das, woraus Sein verständlich wird, heimisch werde; dass das Anwesenheit Gewährende Heimatboden gewinne. Es kommt aber auch darauf an, dass das menschliche Sinnen in diesen Wohnraum, in diesen Verständnisbereich, auf diesen Heimatboden finde. Die ἐνέργεια des Aristoteles, die ἰδέα des Platon, der λόγος des Heraklit: diese alle müssen einig als der Grundzug des Anwesens zur Sprache kommen.

Ehe der Mensch spricht, muss er sich vom Sein ansprechen lassen "auf die Gefahr, dass er unter diesem Anspruch wenig oder selten etwas zu sagen hat. Nur so wird dem Wort die Kostbarkeit seines Wesens, dem Menschen aber die ihm gemässe Behausung für das Wohnen in der Wahrheit des Seins wiedergeschenkt" (Hum, S. 10).

Dem Menschen gilt jeder Denkschritt, beteuert Heidegger. Das ist die Sorge, den Menschen wieder in sein Wesen zurückzubringen. "Was bedeutet dies anderes, als dass der Mensch (homo) menschlich (humanus) werde? So bleibt doch die Humanitas das Anliegen eines solchen Denkens; denn das ist Humanismus: Sinnen und Sorgen, dass der Mensch menschlich sei und nicht un-menschlich, 'inhuman', das heisst, ausserhalb seines Wesens" (ebd.).
Darin liegen Wesen und Sinn von Sein und Sprache, dass das vom Sein ereignete

Sprachwesen dem, "was eigentlich ist, d.h. eigens im Ist wohnt und west" (Die Technik und die Kehre, S. 43), ent-spricht. Wenn das Haus des Seins am Sein Mass nimmt und ihm den gemässen Raum zuspricht, ent-spricht das Dasein dem Geschick des erstlich an-sprechenden Seins. So nur vermag der Mensch ein Seinsverständnis und damit eine Antwort auf das Sein als Sinn.

Ist nun aber das Sich-vom-Sein-ansprechen-lassen und das dem-Sein-Ent-sprechen nur Theorie? Sagt Heidegger umsonst, sagt er ohne Ergebnismöglichkeit, ehe der Mensch spreche, müsse er sich vom Sein ansprechen lassen "auf die Gefahr, dass er unter diesem Anspruch wenig oder selten etwas zu sagen hat"? (Vgl. S. 107 oben).
Bleibt wirklich Heideggers Denken, die Wahrheit des Seins bedenkend, wie er selber mit Jean Beaufret fragt, "nur ein theoretisches Vorstellen vom Sein und vom Menschen?" (Vgl. S. 101 oben).
Das Andenken an das Sein ist dieses Denken. Nichts ausserdem. Vom Sein ist es in die Wahrnis seiner Wahrheit geworfen. Für diese Wahrnis der Wahrheit des Seins ist es in den Anspruch genommen. So zum Sein gehörig, denkt es das Sein. Solches Denken hat kein Ergebnis und keine Wirkung. Seiend genügt es seinem Wesen. Es ist, indem es seine Sache sagt. Das Denken ist das Denken des Seins.
"Das Denken ist l'engagement durch und für die Wahrheit des Seins" (Hum, S. 5).

Ein Seinsdenker wie Martin Heidegger nimmt in Kauf, dass der, welcher sich vom Sein ansprechen lässt, ehe er spricht, wenig oder selten etwas zu sagen hat.

Darum scheint solches Denken bloss Theorie zu sein. Aus der Wirkung und Un-Wirkung schliesst ja männiglich auf die Ur-Sache.
Da nun zu wenig gedacht wird, wird auch das Sein zu wenig be-dacht. "Das Bedenklichste in unserer bedenklichen Zeit ist, dass wir noch nicht denken" (WhD? S. 3). Wenn ja das Denken das Denken des Seins ist (Hum, S, 7), dann ist eben das Nochnicht-Denken ohne Seinsbezug. Das Denken aber "vollbringt den Bezug des Seins zum Wesen des Menschen" (Hum, S. 5).
In seinem Wesen ist der Mensch "das Gedächtnis des Seins" (Zur Seinsfrage, S. 31). Freilich des verrätselten Seins. Denkend dichtet er am Rätsel des Seins. " 'Sein' denken heisst: dem Anspruch seines Wesens entsprechen" (VA II, S. 56).

Des Menschen Denken hat in seinem Sagen nur das ungesprochene Wort des Seins zur Sprache zu bringen, d.h. ins Wesen der Sprache zu bringen. Im einfachen Sagen ist die Sprache "die Sprache des Seins, wie die Wolken die Wolken des Himmels sind" (Hum, S. 47).
Das Dasein unter dem Himmel, dessen Wolken jedermann die Wolken des Himmels sein lässt, wird menschlicher, wenn schon das Kind ins Verhältnis kommt, sich vom Sein ansprechen zu lassen. Unsere Erde wird wahrlich zu einer Terre des Hommes, wenn die Menschen die Wahrheit des Seins wahr nehmen, wenn sie sich von der Wahrheit, der sie in ihrem Wesen übereignet sind, brauchen lassen (Vgl. Gelassenheit, S. 65). Das Zueinandergehören "der vier Welt-Gegenden: Erde und Himmel, Gott und Mensch" (Spr. S. 214) wird glaubhaft, wenn schon das Kind 'dicht und stark' greifen lernt, was dem Sein ent-spricht; wenn sein Denken in die Sprache

gelangt, welche die Wahrheit des Seins, des Anwesens in ihr Wesen birgt. Das Einswerden der menschlichen Gesellschaft wird an Boden gewinnen, wenn schon die Kinder ins Erblicken dessen kommen, dass "die Wahrheit tun und sagen" gut, und weil gut, auch schön ist. Nicht das 'Man', sondern die Menschen in ihrer Zahl der Vernünftigen werden ob des einfachen und darum evidenten Wortes, d.h. ob der Helle der seins-ent-sprechenden Sprache gleichsam Licht einatmen; gleichsam wie Kinder, die beim Aufstieg nach Engelberg in der Urschweiz, inmitten von grünem Holz sich befindlich, den Namen der Gegend als 'Grünenwald' erfahren. Einstimmung geschieht in die Würde des Wortes vom Sein - das Verhältnis zum Wort ist gewahrt.

So einfach wie die Wolken des Himmels und wie ein grüner Wald in die Wahrnis des Seins genommen sind, so einfach können wir Menschen, die wir an der Unfreiheit des Unwahren krank und heillos sind, unser Verhältnis zur Sprache wahren lernen. Und gewandelt zum ent-sprechenden Verhältnis zur Sprache, wahren wir das Verhältnis zum erstlich Sprechenden: zum Sein. Nicht definieren werden wir das Sein im endlichen Dasein; aber als Bereite, human dem Sein zu ent-sprechen, berge uns der unendliche, uns zu-sprechende und unsabbare Sinngrund von Sein.